ゼロからの
プレゼンテーション

◆

「ものまね」から達人までの全ステップ

三谷宏治
KOJI MITANI

プレジデント社

プロローグ

2014 年 @ ソウル

　スポットライトが私を照らします。壇上には私ひとり。韓国ソウルの中心街にそびえるホテルのカンファレンス会場に詰めかけた、600人のビジネスエグゼクティブたちが私を見つめています。

　3日間のビジネスセミナーの、巻頭を飾る30分のキーノートスピーチが私の役割でした。テーマは『経営戦略全史』。背後の巨大なスクリーンに、プレゼンテーションの表紙が映されました。

　私は一礼し、手元のカタカナで書いた韓国語のメモを読むことから始めました。ゆっくりと。

「みなさん、こんにちは。ミタニコウジです。お招きいただき、そしてお越しいただき、ありがとうございます」

「話に入る前にまずは、この度のセウォル号事故の犠牲となった方々のご冥福をお祈りしたいと思います」

「彼・彼女らの魂が、安らかでありますように」

　たぶん、なんとか意味が通じたのでしょう。ざわついていた会場がいつの間にか水を打ったようになり、そして完全な静寂が訪れました。

　その日は、300人の若者が海に沈んだ国家的悲劇から、まだ10日。韓国全土が喪に服し、ソウルでのエンターテインメントイベントがほぼすべて中止になるなかで、そのセミナーは行われたのです。

　その静けさのなかで会場参加者の深い悲しみに触れた私は、心の動揺を鎮めるために、片手を胸に当て、ゆっくり2回深呼吸をしてから、また話し始めました。

「ありがとうございました」「私の韓国語もここまでです。ここからは英語で」

「さて今日はイノベーションがテーマです。イノベーションとは常識

の超越です。ということで、まずはみなさんにこの問題を解いてもらいましょう」

「答えは三択です。必ずどれかに手を挙げてください」

3日間のセミナー全体、約50セッションのなかで最高の聴衆満足度を獲得したプレゼンテーションは、こうして始まりました。

1979年＠福井

その35年前、私はクラスの友人と2人、中学校の講堂の壇上に立っていました。全校生徒480人が私たちを見つめています。

その日は生徒会役員の選挙日。3年生の各クラスから推薦された立候補者たちが、次々選挙演説を行います。まず応援演説者、そして本人。会長候補の大本命は強豪バスケットボール部の主将です。彼は長身、イケメン、成績よし、性格よしの、いわゆるナチュラルリーダーでした。かなうわけがありません。でも、最後の意地を見せましょう。

友人が話し、私があとに続きました。まじめな友人が堅くしゃべり、私がちょっとおちゃらけて。それぞれたった5分のスピーチです。

でもそんな作戦も、効果がないどころかむしろ逆効果だったようです。友人の話は堅すぎ、私のスピーチにはなんのインパクトもありませんでした。

最初のつかみで笑いを取れず、会場がシーンとなったところで勝負あり。私はもともとあがり症なので、それだけでテンパってしまって頭の中は真っ白です。次はなにを話すんだったっけ？　もうなにをしゃべっているのか自分でもわかりません。

持ち時間が尽きる前に、言うことがなくなってしまい、「ご清聴ありがとうございました」で締めました。その言葉通り、最初から最後まで、聴衆はシーンと静かでした。そこにはなんの感動も、共感も、

プロローグ

❶
15才、生徒会長選挙演説の悲劇

同情すらありませんでした。

　直後に投票が行われましたが、結果は惨敗。当たり前です。もう二度とこんな場には立たないと決意しました。大勢の前で話すなんて自分には向いてない、向いてない、絶対向いてない。

2017年＠東京

　さまざまなプレゼンテーション・ノウハウを集めたこの本は、私のプレゼンターとしての自分史でもあります。

　中学生、14歳のとき思い知らされたとおり、私は人前で話すのが大の苦手でした。以来ずっと、そういう場面を避け続け、逃げ続けていました。

　その私が大学卒業後、なんの魔が差したか、外資系コンサルティング会社であるボストン コンサルティング グループ（以下BCG）に入ってしまいました。経営コンサルタントは、人前で話すのが仕事で

003

す。特に BCG では、当時「プロジェクトにおける最終成果物とは、口頭での報告会である」と定義されていました。スクリーンに映すスライドや印刷された報告書は、ただの参考資料だというわけです。

　さあ困りました。

　でも困っていても、上手くなるわけではありません。

　そのプレゼンテーションのあまりの下手さに、上司からは「お前、BCG 東京オフィスで下から 2 番目だな」と言われ、毎回の半期考課表に「他はいいけど、プレゼンテーションだけはダメ。なんとかしよう」と書かれ、職業上、私のもっとも大きな弱点となりました。

　それから約 30 年をかけて、ここまでやってきました。もう人前で話すのは怖くありません。いまだに（かなり）緊張はしますが、深呼吸をすれば落ち着きます。相手が 10 人でも 100 人でも 1000 人でも、同じです。

　経営幹部研修や職業別研修（看護師、自治体職員、自衛官など）より、保護者向けや子ども向け（下は小学 1 年生から！）のほうが大変ですが、もう大分慣れました。

　聴衆の満足度では、「5 段階評価で 5（非常に満足）が 8 割超」を目標にしています。10 回に 7 回くらいは、達成できるようになりました。

「下から 2 番目」から、ずいぶん進化したものです（笑）

　でも進化とは膨大な試行錯誤の結果であり、大きな痛みを伴います。私はこれまでどんな失敗をし、そこからなにを学んできたのか。そして、これまでどんな努力をしてきたのか。

　まずは序章でその道のりの全体像を語りましょう。その後、各レベルの内容を 1 〜 3 章で解説します。それは、私がこれまでの七転び八起きから会得した「必殺技」集でもあります。必ず役に立ちます。そして、必ず努力で会得できます。

プロローグ

45才、子ども向けプレゼンテーションも平気

　そう、他のことはともかく、プレゼンテーションについては断言できます。**プレゼンテーションは、準備と努力次第**だと。

　あなたの今のスキルがどのレベルであろうと関係ありません。才能などなくとも、割り切りと研鑽で、少なくとも「ここ」までは来られるはず。

　プレゼンテーションがちょっと苦手なあなた。相当ダメだった30年前の私とともに、「ゼロからのプレゼンテーション」を始めましょう。

Contents　ゼロからのプレゼンテーション

三谷宏治

プロローグ

2014年@ソウル	001
1979年@福井	002
2017年@東京	003

序章
ステップを刻み、絞り込んで習得する

自分を知る。目指す姿をイメージする　012
まずは自らを知る。ビデオで自撮り　012

緊急対応法は、達人をコピること　014

プレゼンター進化の3段階　018
まずは自らを知り、当面のゴールを決める　018

基本：シンプルに徹する　020

上級：場をコントロールする　022

達人：いつでもどこでも誰にでも　024

続ける。そのための場をつくる　028
プレゼンテーションは慣れと技。だから継続が命　028

メールやスピーチを使って習慣化　029

社内会議も必ずプレゼンテーションでやる　030

第1章 基本編
10枚20分のプレゼンテーションをこなす

マネキンからナレーターへ、ナレーターからプレゼンターへ —— 034
　まずは立ってただ読むマネキン大作戦から —— 034
　動かす、色をつける、前に立つ —— 035

ステップ1 聴いてわかるシンプルな資料にする —— 037
　読んでわからないものは聴いてもわからない —— 037
　言いたいことは、まず文章で書き下す —— 038
　アウトライン機能を使いこなす —— 039
　短く書く。そのためのフォントしばり！ —— 040
　話の構造パターンを3つだけ使う —— 044
　コラム 編集容易性を上げて、編集の手間（ムダ）を減らす —— 047

ステップ2 トーク内容を書いて丸覚えする —— 050
　スライドは1枚2分と考える —— 050
　話すべきことを全部書いて覚える —— 052
　プレゼンテーションのナレーターに徹する —— 054
　コラム 無意味な口癖をゼロにする —— 056

ステップ3 ポイントだけメモる —— 058
　ポイントだけメモしておく —— 058
　ダイジな所に色をつける。ただし3色まで —— 060
　コラム 聴衆にひとり、味方を見つける —— 062

ステップ4 流れを示す —— 063
　流れが見えないプレゼンテーション —— 063
　パワーポイントの功罪 —— 064
　スライド間のつなぎに注意する —— 065

最初に全体像を宣言する ——— 068

最初に結論か予告を置く ——— 070

マップをつくる ——— 070

アニメーションを使いこなす ——— 073

アニメーションは「集中」を促すためのツール ——— 073

基本は「フェード」と「ダウン／アップ」に「カーブ」 ——— 074

トランジションも3〜4種類で十分 ——— 078

インパクト・スライドをつくる ——— 081

プレゼンテーションスライドは報告資料の要約版ではない ——— 081

意思決定を促すためのツールとして ——— 082

対策1：トレードオフを明確に見せる ——— 083

対策2：インパクトあるスライドを中心に組み立てる ——— 084

スタンド・アローン〜ひとり、舞台に立つ ——— 086

STAND：立て、立ち続けろ、けっして座るな ——— 086

ALONE：舞台に役者はひとり ——— 088

STAND ALONE COMPLEX：チームで戦う ——— 089

STAND ALONE：信じて託す ——— 090

第2章 上級編
多数相手に90分の講演をこなす

「場」の支配 ——— 094

カップル比率10％の大学講義 ——— 094

「場」の支配、心の準備 ——— 095

社長と雑談、できますか？ ——— 096

権威型、共感型、尊敬型の「場」づくり ——— 098

「期待」のコントロール —— 100
社内報告会と講演はまったく違う —— 100
バラバラの「期待」を整理する —— 103

つかみ3分 —— 106
まずは相手のココロをつかむ。カリスマの面談術 —— 106
キツネのつかみ：ハロー効果 —— 108
自己紹介型つかみの3パターン —— 109
聴衆参加型つかみで参加意識を高める —— 110

声を磨く —— 112
声が通るは七難隠す —— 112
スペクトラム（周波数）大作戦：胸に声を響かせる —— 113
カラオケ大作戦：絶叫系で声量を上げる —— 114
モノマネ大作戦：好きなナレーターを聞き込む —— 116

相棒としてのスライド —— 118
スライドにどんな役割を求めるのか —— 118
舞台上の相棒としてスライドを使う —— 119
「裏切り」 —— 120
コラム　1枚1分プレゼンテーション —— 124

質疑応答の極意 —— 126
東大の大学院生も知らない質疑応答の基本 —— 126
答えるほうも質問するほうも、逃げるな！ —— 127
よい問いは答えを含む。「ダイジなこと」を問おう —— 128
コラム　「そうですね」は使わない —— 131

第3章 達人編
子ども・親、そして経営者まで

子どもたちは気まぐれで率直 ──────── 134
子ども相手にやれれば誰相手でも楽しめる ──────── 134
小学5年生への授業「言葉のヒミツ」──────── 135
小学1年生100人への入学式スピーチ ──────── 137
「今日はボールのお話をします」──────── 138
「軽いものは重いものに負ける」──────── 140
動きや楽しさで伝える ──────── 142
自己紹介は最初でなく最後にする ──────── 143

親たちは狭くて堅くなってしまっている ──────── 145
親たち相手にやれれば誰相手でも変えられる ──────── 145
親たちは語りたい。ほめる演習のインパクト ──────── 146
ビジネス研修で子育て論、の価値 ──────── 148

プレゼンテーションの達人を目指せ ──────── 151
それはまるで、音楽のように ──────── 151
流れと衝撃、つなぎと沈黙 ──────── 152

クロージング ──────── 154
「最後にまとめ、なんてしてあげない」──────── 154
クロージングってなに？ ──────── 155
"Stay hungry. Stay foolish." の高等テクニック ──────── 156
熱き心を届けよう ──────── 158

おわりに：未来は彼方でなく足もとからやってくる ──────── 162
参考文献等 ──────── 166

序章

ステップを刻み、
絞り込んで習得する

自分を知る。
目指す姿をイメージする

まずは自らを知る。ビデオで自撮り

　自分のプレゼンテーションを、ビデオに撮って見たことはあります
か？

　もしないなら、今すぐやりましょう。プレゼンテーション本番でな
くとも練習を撮るのでもかまいません。

　**まずは自分が「いかに下手か」を知ること。自分のプレゼンテーシ
ョンが「どんなにつまらないか」を知ること。すべてはそこから始ま
ります。**

　自分の姿をビデオで見て「こりゃあ、ダメだ」と思ったのなら、大
丈夫です。そこにはそう感じたセンス（観察眼や感受性）があり、向
上心が芽生えるから。

　私自身の原体験もそこにあります。

　BCG に入って 3 年目。30 社、数十名への報告会を数日後に控えた
ある日、プロジェクト・マネジャー U さんの家に呼ばれました。
「お前、ちょっとプレゼンやってみろ」

　それを彼はビデオに撮って、その場で見せてくれました。
「見てみろよ。面白いか？」

　そこには、たどたどしく話す、自信なさげなコンサルタントがいま
した。話し方は一本調子で抑揚も大してなく、強弱はあってもそれは
ただの大声と小さな声の連なり。とても抑揚とは言えないものでした。
「面白くないです」

ステップを刻み、絞り込んで習得する　序章

まずは自らを知る

見ていてなんだか悲しくて吐きそうでした。

　そのあとＵさんはなにも言わず、同じ資料を使って、その半分くらいをプレゼンして見せてくれました。ビデオに撮りながら。

　素直に驚きました。同じ資料を使っているのに、インパクトがまったく違います。

　そのプレゼンテーション資料は、突如、命を持ったストーリーとなり、聴衆に訴えかけています。あなたたちはどう考えますか？　これからどうしますか？　道は２つしかありませんよ！

　Ｕさんと自分がどう違うのか、どうすればその差を埋められるかなんて、すぐにはわかりません。ただ、草野球と大リーグのような巨大な差があることは、よくわかりました。いや、ミジンコとヒトの差と言っても過言ではないでしょう。

緊急対応法は、達人をコピること

　とぼとぼ家に帰った私がやったことは、「丸ごとコピー（ものまね）」です。数日後に迫ったプレゼンテーション本番をくぐり抜けるには、もうそれしかありません。

　プロジェクト・マネジャーのＵさんがくれたプレゼンテーションビデオを何回も見て、彼の言い回しをすべて書き取って、全部、まねました。冒頭の入り方、ページ毎のセリフ、途中の間の取り方まですべて。それをひたすら覚えて練習しました。何回も。何十回も。

　当然、練習もビデオに撮りました。あとでイヤイヤ見て、とてもガッカリします。そしてまた練習です。

　でもやっぱりセリフに自信がない（すぐあがってしまって忘れる）ので、A4の白紙に赤ペンでセリフを全部書き込みました。ジョークも、自分の笑い声も、語尾の一つひとつも、すべてです。詰まったら

達人を完全にコピーする

それを読めばよい、というだけで安心でした。

　コンサルタント人生最初の大舞台は、そうやって乗り切りました。

　でも、そこから**自分が納得できるレベルまで辿り着くのに、さらに6年かかりました。**

ステップを刻み、絞り込んで習得する　序章

❺ ミジンコから達人への長い長い道のり

プレゼンター進化の
３段階

まずは自らを知り、当面のゴールを決める

私のように、**ゼロからのスタートであれば、目指すべきはもちろん
「基本」レベル**です。これは一言でいえば「少人数向けの小プレゼン
テーションがこなせる」レベルです。対象は同じ部署の社内メンバー
や見知ったお客さんでしょう。20分程度をもらって自分ひとりでプ
レゼンテーション、です。スライド数はせいぜい10枚。とにかく
「簡潔にわかりやすく」を徹底しましょう。そしてセリフにちょっと
だけ抑揚をつけてしっかり伝えること。

これをクリアしたら、その繰り返しでも十分です。

でも、伝えるべき**相手がもっと広がったり、幹部クラスになったり
したなら、「上級」レベルを目指す**しかありません。100名相手の社
外講演や、組織の幹部相手の「大プレゼンテーションがこなせる」レ
ベルです。時間は90分、スライドは50枚ほどになるでしょう。ひ
とりでやるにせよ、チームでやるにせよ、**「場をコントロールする力」**
が必須です。

これを超えてさらに目指すのが「達人」レベル。**「言葉に頼らず印
象的に伝える力」**を磨きます。こうなると相手が誰であろうと、
1000人であろうと関係ありません。なんとか、なります。

さあみなさんは、どこから始めますか？ 各論に入る前に、各レベ
ルでの内容をざっと紹介しておきましょう。

進化の3段階

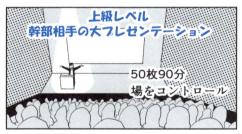

基本：資料もトークもシンプルに徹する

　基本レベルでの目標はとにかく、「ふつうのプレゼンター」になること。10枚20分の少人数向けの小プレゼンテーションがこなせるようになることです。

　ここではしゃべり（トーク）に頼らず資料（プレゼンテーションスライド）を重視することです。見て聴いてわかりやすい、シンプルでメリハリのついた資料をつくれるかどうかが勝負です。

●準備：まず言いたいことを文章で書き下す。アウトライン機能[1]を使いこなすこと
●1枚：1文は短く30文字以内を目指す。「ワンスライド・ワンメッセージ」にして盛り込みすぎない
●表現：色や動き（アニメーション[2]やトランジション[3]）は使いすぎない。役割を決めて、それぞれ3種類程度に抑える
●全体：全体の流れを示すマップをつくる。中核となるインパクトあるスライドも1枚つくる

　わかりやすい資料ができたとして、トークはまずは原稿の丸覚えから始めます。そこから徐々に進みましょう。焦る必要はありません。私だって自慢じゃないけど何年もかかりました。

　トークはスライド1枚あたり2分を目安にしましょう。1枚3分はかかりすぎ、聴き手が疲れてしまいます。1枚1分はちょっと忙しいので高等技です。これは次のステップで、トライしましょう。

1　テキスト同士に親子関係をつくれる機能
2　テキストや図が現れたり消えたりする動き
3　スライドからスライドへの移行時の動き

基本レベルの資料

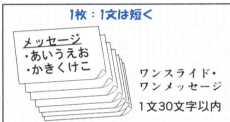

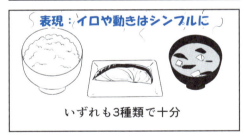

●初歩：トーク原稿を書いて丸覚えする。挨拶から締めまですべて書く。動作はなし
●初級：それぞれのスライドでなにを強調するかのポイントだけをメモしておく
●中級：スライド間のつなぎの言葉だけメモしておく

　いずれも、上級者がいれば自分の資料やトークを添削してもらい、できれば「自分ならこうする」のお手本を演じてもらうことがベストです。それを、完コピしましょう。

上級：場をコントロールする

　上級レベルでの目標は「多数相手に90分のプレゼンテーションをこなす」ことです。ただその難しさは、聴き手が多いことでも幹部たちが相手であることでもなく、聴衆が多様なことにあります。

　聴き手は、そのテーマに対する知識レベルも立場もバラバラなのに、こちらが提供できるのはひとつのプレゼンテーションだけ。ここで必要なの「場のコントロール」、つまりは聴衆の心をつかんで、その向きをちょっと変えてもらうことなのです。

●場の支配：ちゃんと真剣にこっちを向いてもらう
●期待のコントロール：でも各々の立場がバラバラであることを理解してもらう
●つかみとグループワーク：聴衆同士の立場や意見のシェアで参加意識を高める

⑧ 基本レベルのトーク

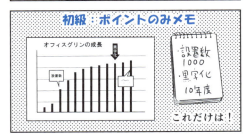
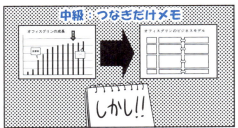

向きを一方向にそろえるだけでなく、聴衆同士が小さく向き合うことで、聴くだけでなく考え、そして話すことで参加感が格段に高まります。

　聴衆を引き付けるための手段としては、声自体を磨くことが役立ちます。カラオケで鍛えるのもいいでしょう。

　そして場をコントロールしきるための最後の場面が、質疑応答とクロージングです。

●質疑応答：逃げずに正面から答える。ただその前に質問自体を明確にする
●クロージング：ダイジなことを3度繰り返す。でもテクニックよりも気合い！

　プレゼンテーションの目的は、相手を動かすことです。そのためには論理性だけでなく、感情というパワーが必要です。リスクある決断や行動に踏み切るために、自らの想いや情熱を伝えましょう。かのスティーブ・ジョブズがそうであったように。

達人：いつでもどこでも誰にでも

　ここまでは基本的に「上手な人のまね」でした。それで十分です。もともとが下手なのですから。

　ただそれを超えて「達人の域に」と思うなら、独自の道を切り拓くしかありません。どんなプレゼンターになるかも、どうやってなるかも、あなたなりの道があるはずです。

　私にとってはそれが「子ども向け」「親向け」のプレゼンテーションでした。それらを通じて、本当に鍛えられました。

　特に子ども向けのプレゼンテーションは難題です。なにかを聴くだ

上級レベルのトーク

けならその集中は 10 秒前後しかもちません。集中を維持させる工夫、興味を湧かせる題材、記憶や継続につながるメッセージ。いろいろ考え、工夫し、試行錯誤しながら、プレゼンテーション術を磨いていきました。

　今の私なりの答えは、「五感で伝える」こと、そして「まずは失敗を経験させる」ことでした。

● 手を動かす（挙手や作画、ハサミや折り紙）
● 足を動かす（座っていないで立って探す）
● 口を動かす（小チーム内で、議論でなくシェア）

　シャイな日本人相手に「挙手して発言せよ」は難しいですが、「お隣と考えたことをシェア（おしゃべり）して」はハードルがぐっと下がって全員に発言機会が生まれます。これだけで参加意識が格段に上がります。
　そして、途中いろいろな「問題」をまずは解説なしで出して、「失敗」を経験してもらいます。まず解説してしまうと、すぐ「知ってる」「わかってる」「できる」となってしまうからです。

問題① → 失敗 → 手法解説 → 問題② → 成功！

　この失敗と成功のギャップこそが、聴き手の真の「学び」につながります。失敗への悔しさと、成功への嬉しさのなかで。
　そう、私のプレゼンテーションは、まず失敗させられる、ちょっと（だけ）イジワルなものなのです。

ステップを刻み、絞り込んで習得する　序章

心の壁を破るために

続ける。
そのための場をつくる

プレゼンテーションは慣れと技。だから継続が命

『7つの習慣』という世界的ベストセラー[4]があります。

人生には共通の原則があり、成功者にはその原則に従う行動や姿勢が7つある。それを習慣として身につけよう。というものです。「Be proactive（主体的であり続ける）」に始まる7つの習慣は、それぞれに含蓄があります。

ただ、ここで面白いのは、これらの行動や姿勢を「努力」や「ノウハウ」「技」でなく「習慣＝Habit」として捉えていること。習慣とは、

● 後天的に獲得されたもの（生まれつき、ではない）
● 固定化された行動・思考様式（苦でなく、できる）

です。無意識に行われることも多く、その行動や思考の実行に、努力や頑張りを必要としません。なにごとも、こうなったら楽ちんです（無自覚・無反省に行われるので危険でもありますが……）。

一方、**あることが習慣化されるには、普通、膨大な意識的繰り返しが必要で、いくつも一遍に身につけることなどできません。**だから、『7つの習慣』の著者は、それを7つに絞りました。

ここでは2つだけプレゼンテーションに関して、それを習慣にす

4　世界で3,000万部が読まれ、今なお売れ続けている。原著は1989年、日本語版は96年に出版された。原題は『The 7 Habits of Highly Effective People』

ステップを刻み、絞り込んで習得する　**序章**

るコツを書いておくことにします（習慣化のためのコツ、は『シゴト
の流れを整える』）に詳しいので、そちらを参照）。

メールやスピーチを使って習慣化

　まずはなんでもスライドにすることです。人に伝えたいことができ
たら、それをプレゼンテーション資料にしてしまいましょう。

●言いたいことや持っている情報を MS ワードなどで書き下す
●アウトライン機能（第 1 章ステップ❶参照）を使って整理する
●パワーポイントなどでスライドとして表現する

　スライドまでつくらずとも、「アウトライン機能での言いたいこと
整理」は、スライド化のとてもいい練習になります。これを習慣化す
るのにいちばんなのは「メールをベタ打ちせずアウトライン機能を使
って下書きする」こと。メールは 1 日に何十回も書くものなので、
それにくっつけることで、頻繁に訓練できることになります。しかも
相手からのフィードバックも受けやすいので、改善・向上が図りやす
い方法といえるでしょう。
「別の強い習慣にくっつける作戦」です。
　習慣化の作戦では「個人戦でなく集団戦にする」も有力です。個人
で黙々と頑張るのはつらいもの。みんなで勢いをつけてやりましょう。
『孫子』にも、集団の「勢」の力が個人の能力よりダイジだとあり
ます。「勢」とは、急峻な山から転がり落ちる丸石の様子。ひとつ
の小石でも、周りを巻き込み、また周りから力を得て、大きな流れと
なっていく、のです。
　職場（や学校）であれば「朝礼での 1 分スピーチ」などが、よい
かもしれません。

029

職場全体でなくとも、数名の有志グループでかまいません。「人前で自分の考えを話す」という経験を積むために、そんな場を自らつくりましょう。そしてみんなで誓い合うのです。毎日必ず1分間のスピーチをやる！と。それをそのグループ外にも宣言するとさらに効果的かもしれません。段々引っ込みがつかなくなりますから。

社内会議も必ずプレゼンテーションでやる

　私の最初の職場であったBCGには当時、チーム内でのミーティング（CTMと呼ばれる：Case Team Meeting）が毎週ありました。

　ほとんどのスタッフは同時に2つのプロジェクトに参画し、それぞれで毎週（つまり必ず週2回）CTMをこなさなくてはなりませんでした。

　そこで全員がなんらかの発表をしますが、それがたとえ**進捗状況の報告だけにせよ「口頭で」は許されません。必ずプレゼンテーション**です。

　スライドをつくってスクリーンに映し出して、他のメンバーにそれを示します。修正点があればその場でスライドを修正していきます。

　ひとつの画面にみんなが集中し、それをその場で修正していけるので本当に素晴らしい仕組みだと思いました。でも最高に緊張する場でもありました。

　上下の区別なく、みんなが全力で議論するのですから、若手の資料にも遠慮はしません。

「コレで一体なにが言いたいの？」「この数字、おかしいんじゃない？」「これの解釈はこうだろう」「ん〜〜、付加価値ゼロ」「この50枚のうち、使えるのは3枚くらいだな」

　スタッフみんな、「クライアントへの報告会のほうがぜったい楽」と言っていました（笑）

スライド化を習慣にする

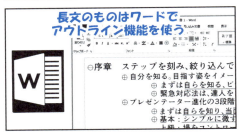

それが毎週2回はあるのです。そのための練習、も欠かさずやっていました。せっかくつくった資料です。相手に真意が伝わらなかったら悲しいでしょう。

これで鍛えられました。年間最低100回はプレゼンテーションがあり、そのために資料をつくり、練習をするのですから。

そのやり方は、アクセンチュアに移っても、K.I.T. 虎ノ門大学院など社会人向け大学院でも続けています。ゼミでも口頭での報告は許しません。必ずプレゼンテーションを求めます。練習練習！

プレゼンテーションは（あるレベルまでは）慣れと技の問題です。才能などなくともなんとかなります。でも、そのためにはまずはちゃんとステップを刻んで、習得すべきスキルを明確に絞り込むこと。そのうえでの継続と繰り返しが必須です。「毎日スピーチ、毎週プレゼンテーション」の覚悟をもって、臨みましょう。

さていよいよここからが『ゼロからのプレゼンテーション』の本編です。まずはミジンコからヒトへの進化に挑む、基本編の始まりです。

第1章

基本編

10枚20分の
プレゼンテーションを
こなす

マネキンからナレーターへ、ナレーターからプレゼンターへ

まずは立ってただ読むマネキン大作戦から

BCG に入社して半年、お客さんの前で話すようになったとき、上司に言われました。

「お前は下手なんだから、上手にしゃべろう、なんて思うな」「**手をまっすぐにして、スクリーンを差して、そのまま書いてあることを、ただ読み上げろ**」「**理系の誠実さ（だけ）で勝負だ**」「**指もそろえろよ**」

資料をスクリーンに映して、手を斜め 45 度に挙げてそれを指し示し、多言を弄することなく、ただ読み上げろというのです。なるほどと思ってそうしました。

名付けてマネキン大作戦。やることは、

●**読んでわかるだけでなく「聴いてわかる」資料にする**
●**それを声に出して淡々と読む**

それだけです。まずはここから。

ただ新人の間はそれでも許されますが、さすがにそれだけではつらいので、書いてあること以外のセリフも考えます。もちろん全部書き下した原稿をつくって丸覚えです。いざというときは原稿を読めばよいので、これはナレーター大作戦。

そのうち、セリフを全部書くのではなく、ポイントだけメモに書いておくようになります。引っかからず、滑らかに伝えるための工夫です。そのうちメモも、スライド間の「つなぎ」のセリフだけになったりします。ここまでくればナレーターは卒業です。

でもそれだけでは足りません。仮にも「プレゼンター」を自称するには、もう少々のインパクトが必要です。

動かす、色をつける、前に立つ

初心者・初級者がしゃべり（トーク）でインパクトを与えようとすると、スベる危険性が高いので、他のものに頼りましょう。

事前に準備できて頼れるのは、プレゼンテーションソフト（パワーポイントとか）です。その機能を存分に使いこなしましょう。メリハリをつけるために、「色」「アニメーション」「トランジション」などが有用です。

そして、そのコツは「絞る」ことと「統一する」こと。

BCGに入った頃、上司には「なるべく色は使うな」と言われました。スライドは白黒でいいと言うのです。確かに書籍だって大抵は白黒です。そっちのほうがむしろ上質感や高級感があったりします。

でもあるとき、プレゼンテーション前に1日時間があったので、スライドに色をつけてみました。クライアント企業を示す部分（社名やグラフの線）には青、競合は赤に。

使ったのはその2色だけ。そして、その配色を手持ちの20枚すべてでそろえました。それだけで驚くほどわかりやすくなりました。

それからは抑えめに、でも統一感を重視して色をつけるようになりました。

アニメーションやトランジションも同じです。昔はビジネスプレゼンテーションでアニメーションは御法度でした。ちゃらい、というわけです。

でもこれも、動きの種類を絞って、統一的に使うなら有用だとわかりました。どこを話しているのかわかりますし、強調したいときだけ使う動きを決めておけば、それだけでメリハリがつけられます。

最後は自分自身の姿です。下手な動きはいりません。姿勢と気迫で勝負しましょう。

まずは座らないこと、立ち続けること。ただし、よい姿勢で。

マネキンからナレーター、そしてプレゼンターへの道を、これから順に解説していきます。

ステップ1

聴いてわかる
シンプルな資料にする

読んでわからないものは聴いてもわからない

まずは、徹底的に「わかりやすい資料」づくりに取り組むこと。なにせ資料を棒読みするマネキン大作戦です。自分の下手なプレゼンテーション代わりになってもらう、資料たちの責任は重大です。

その第一条件は、その資料を声に出して読んだとき、相手が「聴いてわかる」こと。本当にシンプルでわかりやすい文章や表現でなくては、「聴いて」わかりはしないからです。

人間の脳はいまだ、文字を読むための十分な進化を遂げてはいません。私たちは文字を読み始めてまだ数千年しかたっていないのだから当然です。脳が文字を一度に処理できる量は限られていますし、シンプルな表現でないとすぐ混乱します。

一方、書きもの自体は、つい長くなり、装飾的になりがちです。確かに歴史的には、小林秀雄の芸術評論を筆頭として、長くて複雑で形容詞や漢語の多い文章ほど「名文」でした。そしてそういった文章を読みこなす訓練こそが、脳の処理能力向上には最適でした。個人的には小林秀雄、大好きです。

しかし、それでは「伝わる」書きものとは言えません。

人間は書きものを黙って読む（黙読）ときでも、頭の中では音読しているのと同じです。だから、**「伝わる」書きものとは、「聴いてわかる」**ものなのです。

言いたいことは、まず文章で書き下す

　大学4年の夏、BCGでインターンをしていました。40代後半のベテランコンサルタントが突然、われわれチームの部屋に入ってきて言いました。

　「おいお前ら、インターンやってるんだって。30秒やるから、なんか面白いこと言ってみな」

　なにか伝えようとモゴモゴもがきましたが、「つまんねえな」と一言残して彼は去っていきました。

　でもつまりはそういうこと。本当に伝えたいことは、図や絵に頼らず30秒で話せないとダメなのです。

　なにか伝えたいことができたなら、まずは、文章にして書き下しましょう。図なんて書きません。文章だけで、ストーリーを描き出すのです。分量は、最大でもA4レポート用紙1枚で。

　そこで、シンプルでわかりやすく、驚きのある『物語（ストーリー）』になっているか、よくよく読み返してみましょう。

　これでよしと思ったら、人に読んでもらいます。大抵「よくわからない」と言われるでしょう。そこからまた推敲を重ねます。

　最後は、それを口頭で誰かに伝えてみましょう。1回読むだけで相手にすっきり伝われば合格です。

　聴いて覚えていられる情報量は限られています。その限界のなかで、理解できるシンプルなロジックになっているか、構造になっているか……。そのチェックを入念に行いましょう。

　パワーポイントに取りかかるのは、それからでいいのです。

アウトライン機能を使いこなす

　パワーポイントや MS ワードには、活用すべき機能があります。それが「アウトライン機能」です。

　私が最初にアウトライン機能に触れたのは、BCG 入社後、2 年ほどたった頃でした。アメリカ MBA 帰りの若手コンサルト河田卓さんが、アウトライン専用のソフトウェアを教えてくれたのです。「三谷さん、これ、使うといいよ。『マインドプロセッサー』っていうんだ」と。

　使い始めて、確かにそのとおりだと、感じました。自分の考えを、処理するのにとても役立ったからです。

　アウトライン機能には、シンプルな構造（だけ）があります。それは、階層と親子関係です。ビジネス文章・資料なら、これで十分です。

　プレゼンテーションスライドの構成を考えれば、

●レベル 1 はスライドの題名
●レベル 2 はその下のメインボディ
●レベル 3 はそのサブ

　といった具合。詳細説明のためにレベル 4 まで使うかもしれません。でもそこまで。

　階層をそれ以上深くしてはいけません。プレゼンテーションスライドではなく、ソフトウェアのプログラミングになってしまいます。

　最初はアイデアやストーリーの細切れをどんどん打ち込みます。そしてそれを眺め渡して構造をつくります。階層を上げたり下げたり、親子の分類をし直したり。削ったり増やしたり。そうしてシンプルな構造をつくっていくのです。

できたと思ったら、**レベル1だけを表示**してみます。スライドの題名だけがならぶはず。それで、話しが通じるでしょうか?

　通じるなら OK。**次はレベル2も表示**してみます。スライドの題名で言っていることを、ちゃんとサポートしているでしょうか? 以下、繰り返します。

　アウトライン機能でつくれるものは、精妙な芸術作品ではありません。ブロックを積み上げていく地味な構築物だけです。でもだからこそいいのです。

　シンプルな構造だからわかりやすいのです。アウトライン機能は言わば、強制的にあなたの考えをシンプルにする矯正マシンなのです。

　聴いてわかる、読んでわかりやすい資料にするために、私はまだまだ技を積み上げます。だって、しゃべるの下手なんですから……。

短く書く。そのためのフォントしばり!

　伝わりやすい文章の極意はズバリ、「文が短いこと」です。

　長い文章をヒトの頭脳は処理しきれません。じっくり本で読むならともかく、プレゼンテーションの場ならなおさらです。その文章を載せたスライドは、一瞬で目の前を通り過ぎていきます。

　当時の BCG 東京にはプレゼンテーション資料において、暗黙のルールがひとつありました。

文章は1行で。フォントは18ポイント以上

　それだけです。ですが、当時はプレゼンテーション資料も A4 縦だ[5]

5　正確にはレターサイズ。A4 は巾 210mm だが、レターは巾 216mm で少し幅広い

基本編：10枚20分のプレゼンテーションをこなす　第1章

アウトライン機能の使い方

レベル1:スライドの題名

レベル2(■):メインボディ

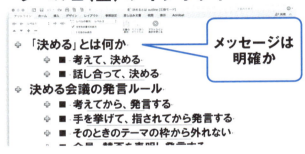

レベル3(✓):そのサブ

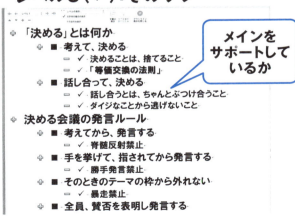

ったので、余白を考えると、1行には全角で22文字しか入りません。そして、1文は2行にわたってはいけないので、31音の短歌は漢字・仮名まじりでギリギリです。

今はA4横なのでもう少し余裕がありますが、それでも「1文30文字前後」を目指しましょう。

そのためには、フォントを大きくすることです。

使用フォントを大きくすることで、自動的に文章は短くなります。パワーポイントだったらヘッドライン24ポイント以上、本文18ポイント以上が最低限の目標です。**MSワードなら11ポイント以上に設定**しましょう。もちろん余白は通常設定で。

ビジネス文章は大部分が横書きですから、**こうすることでA4用紙だと、横1行が38文字**になります。五・七・五・七・七の短歌が、(仮名で書けば)各句間のスペースも含めれば35文字分ですからちょうど同じくらいですね。**1文は、可能な限りこの1行に収めましょう。**

そうすると、「照明をLED化することによって85%の節電になるが、照明は家庭でのピーク電力量全体の5%にすぎないので、それだけでは全体を4%減らすことにしかならない」(74文字)などという書き方はできなくなります(右ページ参照)。

どう短くしましょうか。

結論は、「照明をLED化しても家庭のピーク電力を4%減らすことにしかならない」(34文字)です。**残りの部分はサブに落としましょ**う。

この「フォントしばり」は本当に強力で、伝える表現を簡潔にするだけでなく、ヒトに論理的な思考を強制します。フォントを大きく、そして1行に収まる文章に!

これこそ伝えるプレゼンテーション資料作成のための、「大リーグボール養成ギプス」です。

基本編：10枚20分のプレゼンテーションをこなす 第1章

フォントしばり

フォントを大きくして
1行38文字以内に納める
「夏の家庭節電ピークカット策」

38文字

もともとはこんな文章…（76文字）

照明をLED化することによって85%の節電になるが、照明は家庭でのピーク電力量全体の5%にすぎないので、それだけでは全体を4%減らすことにしかならない。

長すぎるので、結論だけを抽出する（34文字）

照明をLED化しても家庭でのピーク電力を4%減らすことにしかならない。

残りの部分はサブに落とす

照明をLED化しても家庭でのピーク電力を4%減らすことにしかならない。
　　　・LED化で照明の消費電力は85%減る
　　　・しかし照明自体はピーク電力全体の5%にすぎない

出所：『一瞬で大切なことを伝える技術』

他にもわかりやすい文章・プレゼンテーション資料作成のための技はさまざまありますが、これは他書（『伝わる書き方』）に譲るとして、ここでは最後にプレゼンテーション資料特有のお話をひとつだけ。それは「編集容易性」を上げること、です。

話の構造パターンを3つだけ使う

　言いたいことを文章で書く。それがスライド1枚に収まらないものであれば、スライドをつなぐ流れや構造が必要です。基本編ではスライド10枚分のプレゼンテーションを前提にしていますから、10枚をどう組み立てるのか、その構造を考えましょう。

　4コママンガの（構造の）王道は、「起承転結」です。人はわかっていても、「転」で驚き、「結」で納得します。**ビジネスプレゼンテーションでも同じように、典型的な構造がいくつかあり**ます。

①問題解決型：問題の明確化→原因の特定→解決策の提示
②目標達成型：大目標の確認→小目標への展開→施策の提案
③PDCA型：Plan → Do → Check → Act
④重要思考型：ターゲット→ダイジなこと→競合との差
⑤See・Think・Wonder型：観察事実→発見・推論→感想・提起

　①②は通常の業務一般に向いていて、③は事前に計画がある場合のレビューに適しています。④はマーケティングプランなど全般に、⑤は報告書に使えるでしょう（『伝わる書き方』第2章 参照）。
　個々の構造で、矢印の向きなどは伝えるべき相手や目的によってカスタマイズすればいいでしょう。「結論から言え！」という相手なら、①②でいえば最後の解決策や施策案から伝えます。「ちゃんと状況を聞かせたい」と思うなら、順番通り組み立てていきましょう。

14 問題解決型構造で整理する

「フランス/スウェーデンでの少子化対策」

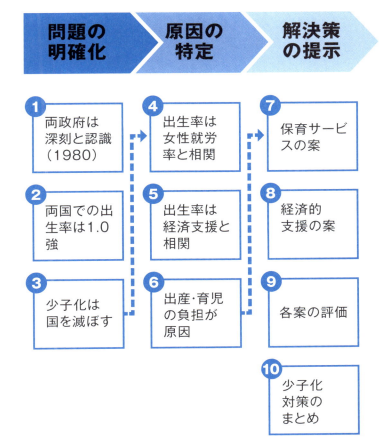

いずれにせよ、この構造パターンに凝る必要はありません。人は自分が慣れた構造が好きなのです。**まずは１つ選んで、その構造でつくり続けましょう。それで上手くいったら次の構造を試します。３つ使いこなせるようになったら、もう上等**。ステップ❶「聴いてわかるシンプルな資料にする」は卒業です。

基本編：10枚20分のプレゼンテーションをこなす　第1章

コラム

編集容易性を上げて、編集の手間（ムダ）を減らす

編集容易性ってなんでしょう。あまり聞き慣れない言葉かもしれません。

要は、一度作成された資料を、あとで編集（修正したり他の資料とくっつけたり、拡大縮小したり要約をつくったり）しやすいかどうかということです。

多くの資料は、二度三度と使い回しされますし（社内ミーティングと報告会とか）、特にチームで働くときは、それぞれのメンバーがつくってきた資料を修正し編集することが、コンサルタントやマネジャーたちの主な仕事となります。

そのときに、編集者の作業効率を著しく下げるのが、編集困難な資料たちの存在なのです。その中にはいわゆる「禁じ手」が使われまくっています。

たとえば、同じ「田の字」（2×2マトリクス）を描くにしても、図形描写的にはさまざまなやり方があります。

いちばんいいのは、4つの小さな箱（四角形）をピッタリ合わせること。最悪なのは、線分6本で文字のように描くこと。

後者はあとで拡大縮小が非常にしづらいですし（すると角がずれる）、箱ごとに色をつけようにもつけられません。それを頑張るくらいなら、箱でつくり直したほうがはるかに速くなってしまいます。

そういう「パワーポイントの禁じ手」が実はいっぱいあるのです。「タイトル＆メッセージ直打ち（→レイアウト機能[6]を使おう）」「余白をスペースでつくる（→インデント機能[7]を使おう）」「図形に文字ボックスを組み合わせる（→図形に直接打ち込もう）」などなど。

素直に、パワーポイントの基本機能を使いこなしましょう。それで普通は、十分きれいな資料ができますし、編集容易な資料になるはずです。

ホワイトカラーたちの時間を食いまくる書類作成作業。そのほとんどはムダで占められています。探すムダ、迷うムダ、動かすムダ、そして、直すムダ。

6　メッセージの位置やフォントの大ささを一括して設定する機能
7　行の始まりや途中スタートの位置を設定する機能

基本スキルを高めていけば、必ず生産性は向上します。付加価値を高めることは難しくとも、投入時間の削減は簡単・確実です。スキルアップを図るなら、まずは、こちらから取り組みましょう。しかも最近は、若者のPC操作能力が落ちているというではありませんか！　余計、チャンスです。資料作成スキルを頑張って上げましょう。

　でも、気をつけること。そのスキルを上司に悟られてはいけません。書類作成仕事（しかもタイプや図の作成のみ）が増えるだけなので。

　浮かせた時間はこっそりと、付加価値向上（自分の頭で考える）やプレゼンテーションの練習時間に充てるべし。それでこそ、次のようなよい循環が生まれます。

資料作成効率アップ→時間に余裕→資料の質アップ→上司からの過剰な干渉がなくなる→さらに時間に余裕……

　さて、わかりやすい資料はできたとして、プレゼンテーション自体のお話に戻りましょう。

基本編：10枚20分のプレゼンテーションをこなす　第1章

図形の編集容易性（2×2マトリクスの例）

◯ 編集しやすい

箱4つでつくる

Alpha	Beta
Gamma	Delta

✕ 編集しにくい

直線6本でつくる

049

ステップ2

トーク内容を書いて
丸覚えする

スライドは1枚2分と考える

さていよいよ、しゃべり（トーク）の準備です。緊張しますよねえ。

でも大丈夫。演説ではありません。あなたの傍らにはスクリーンに映ったスライドがあるはずです。基本はそれを読めばよいのです。

でも気をつけるべきはその時間です。1枚のスライドを長々話していると、聴き手はすぐに飽きてしまいます。聴き手の集中が切れ、注意が逸れたとき、プレゼンテーションの失敗が決まります。

プレゼンターは、スライド作成時の思い入れもあって、ついあれもこれも話したくなってしまいます。でもそれはぐっと押さえて、トークは必要不可欠なことだけに絞り込みましょう。

時間でいえば、「1枚2分」を目安にしましょう。3分では飽きます。1分では忙しすぎて理解が追いつかないでしょう（ただし、第2章上級編では1分パターンも出てきます）。

説明に10枚のスライドを要するテーマであれば、相手の時間は20分ちゃんともらいましょう。それがプレゼンテーション成功への第一歩なのです。

でももし、発表時間を10分しかもらえなかったなら、スライドは5枚程度に絞り込みましょう。そうでなければ、失敗します。

基本編：10枚20分のプレゼンテーションをこなす　第 1 章

1枚2分のスライドと3分のスライド

1枚2分

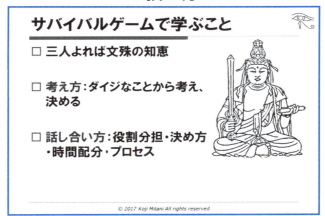

1枚3分

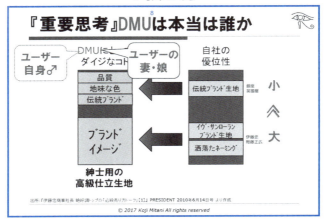

8　Decision Making Unit ＝意思決定関与者、意思決定体

話すべきことを全部書いて覚える

「BCGで下から2番目」だった頃、私がプレゼンテーション・トークについてやっていたことは簡単です。**「全部書いて全部覚える」**でした。ついでに言えば**「全部書き込む」**もやっていました。

報告会用の資料が無事できたとして、プレゼンテーションで言いたいことは、まず全部、MSワードやマインドプロセッサーで書き下します。頭の中でその場を想像しながら、どこでどんな冗談を言うかまで。

20分のプレゼンテーションの発表原稿をつくるのに、3時間くらいはかかるでしょうか。何度も何度も推敲して、でも適当なところで切り上げて、実際にしゃべってみます。まずはひとりで。そして同僚や、家族の前で。

実際にしゃべってみれば、どこがわかりにくいのか、どこの流れが悪いのか、ジョークがちゃんと通じるのか、すぐわかります。しゃべり自体の巧拙は、あと回しです。

そのフィードバックを得てからまた推敲して、練習して、全部覚えます。丸覚えです。20分のノーカット場面の収録に挑む、俳優さんの気分です。

でも、あがり症の若者に、それをワンテイクでやり切る自信などありません。

スライドの数だけ、A4の紙を用意して、書き込みました。そのスライドでのトーク内容を、原稿からすべて手書きで移すのです。もちろん紙はびっしり文字で埋まります。

ただ今なら、プレゼンテーションソフトの「ノート[9]」に機能を使えます。

9　パワーポイントの表示画面でスライドの下にあるスペースのこと。メモが書き込める

基本編：10枚20分のプレゼンテーションをこなす 第1章

トーク内容を発表者用ノートに全部書き込む

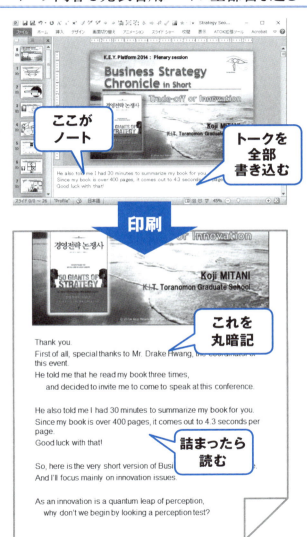

これでもう大丈夫。

もし途中で次のセリフを忘れても、万一頭が真っ白になっても、その紙を読めばよいのです。ジョークまで書いてあるのだから、完璧です。

そんなことを最初の2年、ずっと続けていました。**毎週毎週、毎月毎月。**

プレゼンテーションのナレーターに徹する

どうせ話す内容の原稿ができているのなら、思い切ってそのナレーターに徹してみるのも一考です。

演題に原稿を置いて、それを読み上げるのです。原稿丸覚えが間に合わなければ、（多少格好悪いですが）こちらの方法から始めてもいいでしょう。

原稿にはもちろん「ここで次」という PC 操作指示も書いてあります。スライドをポチポチ送りながら、しっかり抑揚をつけて読み上げましょう。

さらにプレゼンテーションソフトの機能を使いこなすなら、それらを丸ごと記録してしまうという究極技もあります。事前にスライドの動きとナレーションを記録・録音し、当日はそれを流すだけにしてしまうのです。そうすれば、うつむいて読み上げることにはなりません。聴衆の顔を見ていられます。パワーポイントであれば、上部リボンの「スライドショー」に、「スライドショーの記録」というコマンドがあり、そこからプレゼンテーションの記録ができます。途中からでもや

10　パワーポイントなら「発表者ツール」を使うことで手元画面に「発表者用ノート」などを表示できる
11　プロンプターという原稿投影装置を使えば格好よくできる

り直しができるので、少しずつつくりためていくことも可能です。

　完成したら当日は、それを再生するだけ。「今日はのどの調子がよくないので」と言ってから始めるか、「プレゼンテーション下手なので」と告白してからにするかはお任せします。

　このビデオ化のよい点は「間違えない」「時間を守れる」こと。でも「意外と完成に時間がかかる」だけでなく、「いつまでたっても本番に強くなれない」ことが困った点です。非常時（でも時間はあるとき）の技と割り切りましょう。

コラム

無意味な口癖をゼロにする

　聴衆としては気になるけれど、プレゼンターには気がつかないものが「口癖」です。

　最近、テレビやメール、あらゆるところで見るのは、「～（させて）いただく」や「～となっております」といった意味不明な敬語的表現[12]です。回りくどくて、まったく簡潔な表現ではありません。きっと自分の意思を示すのが怖いからでしょう。

　ちゃんと「～いたしました」「～します」や「～です」と言い切りましょう。「いただく」「おります」は（原則）禁止です。

　特にここで取り上げたいのは、プレゼンテーションでよく聞く、無意味なつなぎ言葉です。

　よくあるのが「え～っ（と）」「その～」「まあ」などですが、「つまり」「実は」「逆に」とか、人によって本当にさまざまです。

　私はコンサルティング会社のマネジャーやパートナー時代、部下のプレゼンテーションの間、よく「正の字」を書いて数えていました。一人ひとりの口癖とその出現回数を。

　報告会が終わったら、ひとりずつとその場で即、反省会です。「佐藤さんの今日のプレゼンテーションは30点！」「今日、いちばんよかったのはタマキさんの80点だったけど、どこが違うと思った？」

　ついでに口癖についてもフィードバックします。「佐藤さんは今日、『逆に』って何回言ったでしょうか？」「5回……くらいですか？」「ハズレ。答えは17回。そのうち本当に逆接だったのは2回」「……（絶句）」

　これだけでも、本人が気をつけるようになるので、口癖はずいぶん減ります。プレゼンテーションのときには、誰か同僚に「口癖カウント」を頼みましょう。

　せっかくなので、無意味な口癖「ゼロ」を目指しましょう。それだけで、印象は劇的に変わります。なぜならそれがプロとアマチュアの差だからです。

12　「させていただく」は謙譲語。なお「拝見させていただきました」は「拝見する」も謙譲語なので二重敬語となり文法的に誤りとなる

基本編：10枚20分のプレゼンテーションをこなす　第1章

口癖撲滅大作戦

057

ステップ3

ポイントだけメモる

ポイントだけメモしておく

さすがに丸覚え作戦を2年も続けていると、**全部書き下さなくてもよくなりました。**

でもやっぱり、肝心なことを忘れると困るので、そのスライドで話す**ポイントだけを紙に書く**ようになりました。

順番を間違えるといけないので、番号つきで書いていきます。①②③④⑤⑥⑦⑧……ん？ 1枚で8つも言いたいことがあるのはまずいんじゃないか？

説明に時間もかかるし、聴き手も飽きてしまいます。つまりは伝わらないということ。

それならそのスライドを2枚に分けましょう。さてどうやって分ければいいでしょうか。資料作成のところにいったん戻ります。

整理ができたら、またノート機能を使って各スライドの要点をメモしましょう。特にこれを言い忘れたら意味がない、というところは太文字で。印刷して手元に置き、練習しましょう。

ポイントだけメモに書いてプレゼンテーション、というやり方は実は昔から海外のコンサルタントがやっていたことでもありました。

彼・彼女らは掌に入るようなカードを持ちながらプレゼンテーションしていました。よく見るとそこにはキーワードやキーメッセージがならんでいます。

058

ポイントだけメモする

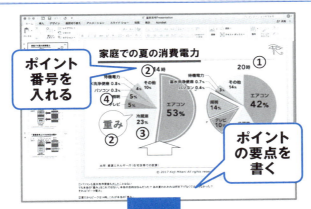

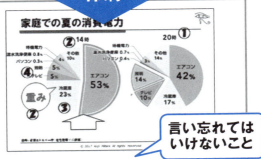

①パソコンも温水洗浄便座も大したことはない
でも本当の「重み」はこれではない。本当の目的はなんだった？ あの夏われわれは何を下げなくてはならなかった？
それは「ピーク電力」

②夏だからピークは14時。これが本当の「重み」

③エアコンも冷蔵庫も頑張る

④オフィスだと照明と冷蔵庫が入れ替わる

それをときどき見ながらやっているのです。ポイントさえ伝われば、他のことはそれほどダイジではありません。

ダイジな所に色をつける。ただし3色まで

ダイジなポイントを相手に伝え、そして自ら忘れないために、有用なのは手元のメモだけでなくスライド自身の工夫です。上手に色や動きを使いましょう。

ダイジな箇所を色づけするルールは、「**原則1色、最大3色**」「**文章全体でなく、単語か部分**」です。

- ●**範囲**：1文全体に色をつけることはせず、キーワードや成句といった部分に留める。それもスライド1枚の中で数箇所以内に
- ●**色数**：使うのは最大3色。強調部分は「赤」とするならそれを資料全体で使う（これで1色）。自社と競合、コストと付加価値、など「比較」するものが多いときはそのそれぞれを、別色で示す（これでプラス2色）

書籍やレポートであれば、（この本もそうですが）強調に**太字**なども使えます。でもプレゼンテーション資料ではあまり有効ではありません。もともと、線が太めのフォントを使っているので、それをさらに太くしても差がわかりづらいからです。

また、プレゼンテーション資料は「強調すべき文章」が目立つようにつくられているはずなので、それを丸ごと色づけして強調するのは過剰に思えます。だから単語や部分に留めます。

使う色は会社によって「派手すぎる」や「目立たない」などの感覚・常識も違うでしょうから、おまかせします。ただ最大限、ハッキリとした色を使いましょう。そうでないと強調になりませんよね。

自分がそのスライドをプレゼンテーションしているとして、どこで語調を強めますか？　いちばん伝えたいキーワード、キーナンバー、コンセプトはなんですか？

　そこにそっと色を差しましょう。

「ポイントさえ伝われば、それでオッケー」かと思いきや、実際にはそうでもありませんでした。「流れ」、がとても大切でした。

　次が基本レベルの最後のステップ❹「流れを示す」です。

聴衆にひとり、味方を見つける

　初級プレゼンターにとって、「緊張（ナーバス）」こそが大敵です。リラックスしてやればできることが、極度の緊張下では笑えるくらい上手くいきません。

　ちょっと言葉がつかえただけなのに、手元のメモを取り違え、余計なことを口走り、バタバタになって、頭が真っ白になって試合終了（ゲームセット）です。

　いくら事前に練習を繰り返しても、本番と同じプレッシャーがかかるわけではないので、本番で失敗を繰り返して度胸をつけるしかないのです。

　でも、やれることもあります。緊張の元はプレッシャーですが、直接的には聴衆（＝お客さんや上司）の視線が怖いので、それを無視することから始めましょう。

　近視のひとならメガネやコンタクトレンズを外して、近くしか見えなくする作戦が有効です。たとえば視線を合わせるフリをして、実は見えているのはぼやっとした塊（頭？）だけ、にするのです。私は視力がいいのでこの作戦は残念ながら使えず、「顔は見るが視線は合わせず相手のおでこを見る」とか「意識的に焦点をずらしてちゃんとは見えなくする」といった方法をとっていました。

　これはネガティブ要素（冷たい視線）を無視するという方法ですが、ポジティブ要素がもしあれば、それは最大限活用しましょう。聴衆の中に「味方」を見つけるのです。

　だから会議参加者の着席場所には気をつけましょう。自分の立ち位置にも。怖そうな人、苦手な人に正対したら終わりです。聴いてくれそうな人、親しい人が自分の正面に来るよう、席順や自分の立ち位置を工夫しましょう。

　そしていざプレゼンテーションを始めたら、いちばんうなずいてくれる人を素速く探し出しましょう。そういう人が正面にいたらベストですが、正面から少し外れていてもOKです。とにかく要所は、その人に対して語りかけましょう。その人が「うんうん」と肯いてくれるだけで、気持ちはずいぶん落ち着きますよね。

　私はそれを知っています。自分がそうだったから。

　だから自分が聴衆となったときも大きくゆっくりうなずきます。プレゼンターを助けるために。味方はいるよ、と伝えるために。

ステップ**4**

流れを示す

流れが見えないプレゼンテーション

ある日、クライアント企業の社内会議にお付き合いしました。

この会社では「紙資料の配付禁止」を打ち出していて、会議もすべてパワーポイントによるプレゼンテーションの応酬です。

技術系の社員たちは軽々とパワーポイントを使いこなし、アニメーションまでつけてインパクトを狙います。会社側も会議室にプロジェクターを2台常備し、PCの使用を促しています。ペーパーレスで、素晴らしい。

でも、肝心の「お話」がちゃんとできていません。

《起承転結》といくのか、《前提と分析と結論》なのか、どうつながっているのか、よくわかりません。一貫した「ストーリー」や「構造」がなく、「散文的」「羅列的」なのです。

なのに、周りを見渡せば、聴衆（会議参加者たち）はしたり顔でうなずいています。「フムフムなるほど、そういうことか」

オイオイ、そうじゃないだろう。ここで言っていること自体は正しいけど、5枚前のと矛盾してるじゃない。それでいいの？

最後の結論と分析結果は矢印でつなげてあるけど、本当にこれちゃんとつながっているの？ そんなこともあるだろうけれど、そうつながらないことのほうが多いんじゃないの？

みんな聞いてて気持ち悪くならないの？

話してる方もおかしいと思わないの？

063

パワーポイントの功罪

　パワーポイントを筆頭とする**プレゼンテーションソフトの最大の功罪**は、ここにあります。

- **功**：構造的にきちんと伝えられる（可能性がある）
- **罪**：考えが無茶苦茶でも（構造がなくても）それらしく見える

　プレゼンテーション資料は、まさに積み木のようなもの。全部のお話（ストーリー）をバラバラのブロックに分解して、一つひとつをきっちり示していきます。

　全部を積み上げ終わればピラミッドができたり、スフィンクスができたり。

　でも積み木と違って、プレゼンテーションの1枚1枚（スライド）は、次々現れては消えていきます。何枚も前のスライドで言ったことなんて、普通は誰も覚えちゃいません。

　だから聴衆は欺されます。飛来する、きれいで頑丈そうなブロックたちに目が眩むのです。

　つくる側も同じです。

　最近は慣れもあって、いきなりパワーポイントで書類やプレゼンテーション資料をつくり始める人も多く見受けられます。全体の設計図もないのにブロック（部品）を積み上げても、上手くいくはずがありません。

　でも、自分自身が欺されます。上手くできていると。

　それは、自分のつくっている資料のバラバラさ加減が見えづらいから。いつまでたっても思考は深まらず、バラバラなブロックだけが積み上がります。

プレゼンテーションソフトは、人の思考を断片化する魔力を持ったものなのです。

スライド間のつなぎに注意する

　私がプレゼンテーションのためにあらかじめ書いていたことは、①「しゃべる内容のすべて」から、②「そこで話すポイント」に減っていきました。さらに2年もすると、それもなしで話せるようになりました。自分自身で書いた資料なのですから、ある意味、当たり前なのでしょう。

　でもその**紙に最後まで残った**のは、③**つなぎの言葉**、でした。紙の下部に、赤ペンで書きました。次のスライドにどうつながっていくのかを。

　日本語の**接続詞**には、およそ**7つのつながり明示機能**があります。

---

①順接（だから）　　②逆接（しかし）

③並列（また）　　　④累加（さらに）

⑤説明（つまり）　　⑥選択（もしくは）

⑦転換（ところで）

　自分のつくったプレゼンテーション資料。全部のスライドの頭に接続詞をちゃんとつけてみてください。……結構、読みづらくなりませんか？

　その原因はだいたい、「構造自体のややこしさ」です。話が行ったり来たりすると逆接が多くなります。似たようなことを何度も書くと、並列や累加、選択が多くなります。

　接続詞をつけることでそれが確認できたら、構造上、行ったり来た

りをなくして、逆接を減らしましょう。並列や累加が３つ以上続くなら、「第１に」「第２に」「最後に」とまとめてアドレッシングしましょう。

　塊 間のつながりを接続詞で明示することで、構造のややこしさをまず減らすのです。

　そして話す（プレゼンテーションする）ときには、必ずそういったつなぎの言葉を、スライドとスライドの間に挟みます。

「では、その理由はなんでしょうか？
（ここでポチッとリモコンでページを進める）
「今回の分析結果をご覧いただきます」

　といった具合に。
　コツはスライドを次に送る前からつなぎの言葉を始めること。そうでないと「ぶつ切れ感」が出てしまいます。そして、その言葉を忘れないように、前のスライドのノートに書き込みましょう。

　全体の流れを明らかにするためのテクニックを、あと３つほど紹介しておきます。

13　アドレス（住所）を明確にし、全体の中での位置を示すこと

スライド間のつながりを示す

最初に全体像を宣言する

「その理由は3つあります」。よく聞くフレーズですね。確かにそう言われると、ちょっと安心します。

「思いつきでダラダラしゃべるわけじゃなさそうだ」「10個とかじゃなくて3つに絞られてるんだな」と感じられるからでしょう。

お話であろうと書きものであろうと、大量の情報に対して人はすぐ道を見失って彷徨います。それをどれだけ防げるかで、一つひとつの塊の伝わり方が変わります。「3つあります」の決まり文句もその一種です[14]。

読み手を文章の森で彷徨わせないように、常にアドレッシングを欠かさないようにしましょう。**読み手に「文章の全体像」「次の転換点」「現在地」を伝え続ける**のです。お手本は、カーナビやGoogle MAPです。

目的地を定めて検索が終わったら、まず出てくるのはなんでしょう？ そう、所要時間と全体ルートです。本でいえば目次がそれに当たりますが、一般のビジネス文章でも、**全体量や話の構造をまず宣言**しましょう。

「これからまず20分ほどで、『○○の問題解決策』について、問題の明確化、原因の絞り込み、改善策の提案、の順で説明していきます」の一言でもかまいません。まずはプレゼンテーションの全体像を理解してもらうところからです。

14　スティーブ・ジョブズ伝説のスピーチも「今日は私の人生から3つのストーリーを紹介します。それだけです。大したことありません。たった3つです」から始まる

郵 便 は が き

１０２８６４１

おそれいりますが
62円切手を
お貼りください。

東京都千代田区平河町2-16-1
平河町森タワー13階

プレジデント社

書籍編集部 行

フリガナ		生年（西暦）	
			年
氏　　　名		男 ・ 女	歳
住　　　所	〒		
	TEL　　　（　　　）		
メールアドレス			
職業または 学 校 名			

　ご記入いただいた個人情報につきましては、アンケート集計、事務連絡や弊社サービスに関する
お知らせに利用させていただきます。法令に基づく場合を除き、ご本人の同意を得ることなく他に
利用または提供することはありません。個人情報の開示・訂正・削除等についてはお客様相談
窓口までお問い合わせください。以上にご同意の上、ご送付ください。
＜お客様相談窓口＞経営企画本部 TEL03-3237-3731
株式会社プレジデント社　個人情報保護管理者　経営企画本部長

この度はご購読ありがとうございます。アンケートにご協力ください。

本のタイトル

●ご購入のきっかけは何ですか?(○をお付けください。複数回答可)

　1　タイトル　　　2　著者　　　3　内容・テーマ　　　4　帯のコピー
　5　デザイン　　　6　人の勧め　7　インターネット
　8　新聞・雑誌の広告（紙・誌名　　　　　　　　　　　　　　　　　　）
　9　新聞・雑誌の書評や記事（紙・誌名　　　　　　　　　　　　　　　）
　10　その他（　　　　　　　　　　　　　　　　　　　　　　　　　　）

●本書を購入した書店をお教えください。

　書店名／　　　　　　　　　　　　　　（所在地　　　　　　　　　　）

●本書のご感想やご意見をお聞かせください。

●最近面白かった本、あるいは座右の一冊があればお教えください。

●今後お読みになりたいテーマや著者など、自由にお書きください。

　　　　　　　　　　　　　　　　　　　　　　どうもありがとうございました。

基本編：10枚20分のプレゼンテーションをこなす　第1章

カーナビのアドレッシング

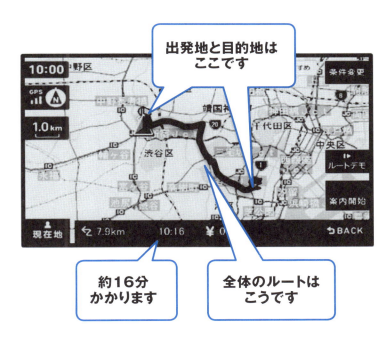

最初に結論か予告を置く

　挨拶などは別にして、プレゼンテーションの最初の一言はきわめて大切です。冒頭には原則、そのプレゼンテーションでの結論か、その予告を置きましょう。結論は先に言え（書け）と、よく言われるとおりなのですが、「どう言うか（書くか）」には、工夫が必要です。

　もしその結論が、相手にとって受け入れやすいものなら、ズバリ、結論の要約を最初に簡潔に述べましょう。たとえば、「過剰在庫頻発の問題ですが、とるべき施策は『配送リードタイムの半減』と考えます。投資額は5千万円以内で、1年半で回収可能です」。これでいいのです。

　もしそうでないなら、「今やるべきことはAなのか、それともBやCなのか、を見きわめたいと思います」と予告に留めましょう。受け入れにくいものを、いきなり「結論」とされたら、誰だって頑なになります。

　ただそれを防ぎつつ、ジワジワ外堀から埋めていくためにも、「この文章でなにをハッキリさせたいのか」を、受け手に意識させることが必須です。議論テーマやプロセスをなるべく具体的に伝えましょう。

　カーナビのように、目的地とそこへのルート図をまず示すのです。

マップをつくる

　プレゼンテーションの冒頭では、まず全体像を宣言し、同時に結論の要約か予告編を置くことが、読み手を迷わせないための「アドレッシング」でした。

　カーナビの例でわかるように、アドレッシングの前提はマップ（地図）とアドレス（住所）です。この両方がそろっていないと、アドレッシングはできません。右の図を見てみましょう。

基本編：10枚20分のプレゼンテーションをこなす 第1章

第1章のマップ

第1章基礎レベル

自分を知る・目指す姿をイメージする	まずは自らを知る
	差を知り、まねる

ステップ❶ マネキン大作戦	読んでわからないものは聴いてもわからない
	言いたいことは、まず文章で書き下す
	アウトライン機能を使いこなす
	短く書く。そのためのフォントしばり!
	編集容易性を上げて、編集の手間（ムダ）を減らす

ステップ❷ 脚本を丸覚えする	話すべきことを全部書き下して全部覚える
	社内会議も必ずプレゼンテーションで

ステップ❸ ポイントだけメモる	ポイントだけメモしておく

ステップ❹ 流れを示す	某日某所某大手メーカーにて
	パワーポイント最大の功と罪
	スライド間のつなぎに注意する
	最初に全体像を宣言する ～カーナビ
	最初に結論か予告を置く
	マップをつくる

アニメーションを使いこなす	アニメーションは「集中」を促すためのツール
	1枚2分プレゼンテーション
	基本は「フェード」と「ダウン」に「カーブ」

インパクト・スライド	プレゼンテーションスライドは報告資料の要約版ではない
	意思決定を促すためのツールとして
	対策1：トレードオフを明確に見せる
	対策2：インパクトあるスライドを中心に組み立てる

スタンド・アローン	STAND：立て、立ち続けろ、けっして座るな
	ALONE：舞台に役者はひとり
	STAND ALONE COMPLEX：チームで戦う
	STAND ALONE：信じて託す

たとえばこのページは、「マップをつくる」という項目ですが、それは、第1章「基礎レベル」の5書目「ステップ❹ 流れを示す」の最終項目だということがわかります。

　各項目は二次元にマッピングされるだけでなく、階層化され、分類（メインの流れは実線、サブは点線）や上下関係（章→節→項目）がわかります。つまり何区の何丁目何番地なのかの、アドレスがつけられているわけです。

　そのうえで、どこまで詳細にマップで示すかを考えましょう。

アニメーションを使いこなす

アニメーションは「集中」を促すためのツール

　私が話すことを書き込んだメモなしでも、自信を持って話せるようになったのは、入社後6年もたってからでした。そしてその頃からスライドで映し出した文字や図表が動く「アニメーション」なる機能を使い始めました。これは楽しい！

　でも間違えてはいけません。**アニメーションは、スライドにただ「動き」をつけるためのツールではありません。聴衆をより「集中」させるためのツール**なのです。

　まずは**自分が説明している場所への「集中」**です。

　本当は、それが簡単にわからないようでは、スライドのつくりがイマイチだということなのでしょうが、仕方がありません。複雑なもの、もしくは、現物（の写真）を見せるときには、どこを説明しているかわかりづらいこともあるでしょう。

　普通はそこで、レーザーポインターや差し棒を使います。でも、**レーザーポインターはなるべく使わないこと**。会場が暗ければなおさらです。

　深夜の高速道路では、停車車両への追突事故が多発します。それは単に、暗くて見えにくいからではありません。駐停車車両の赤色ランプに強い催眠効果があるからなのです。それが明滅していたり、揺れていたりすると後続車両のドライバーは遠近感を失い、眠りに誘われ、そこに強く引き込まれていってしまいます。

暗闇で揺れる赤や緑色は、強力な催眠術以外の何者でもありません。レーザーポインターは使うにしても、腰だめにして（手を腰に当てて手首がふらつかないようにして）撃つべし。けっしてフラフラ揺らさないように。

基本は「フェード」と「ダウン／アップ」に「カーブ」

　私が数年前「リクナビ NEXT」のイベントで短いプレゼンテーションを行ったとき、18 分話して、枚数は 8 枚。1 枚あたり 2 分強でした。

　スライド間の切り替え（トランジション）は、すべて、フェードアウト。

　数えてみたら、使ったアニメーションは合計 57 アクションで、**1 枚あたり 7 〜 8 アクション**でした。

　内訳は、ダウンが 23 回（40%）、フェードが 18 回（32%）、それにカーブが 6 回（11%）で、その他が 10 回。

　アニメーションの「使い分け」は単純で、

●ワードスライド（テキストがならんだもの）では、基本、ダウン
●図形はフェード
●各スライドでのまとめコメントはカーブ

としていました。

　ワードスライドは、ダウンの代わりにアップでもよいでしょう。ただ、上の文章や言葉とのつながりをなんとなくイメージさせるために私はよく、ダウンを使っています。逆に、別のことだということを暗示するときは、アップかライズアップ。

主要なアニメーション

フェード
その場で徐々に現れる

下がりながら現れる

上に曲がりながら現れる

図形は、文章では示しづらい複雑なことを示すために使われているはずです。派手な動きはむしろ逆効果でしょう。ゆえにフェード。

　もちろん、徐々に変化するものを見せたいときには、ワイプやピークアウトを使います。たとえば、「ロングテール」の図を見せるとしたら、当然、左からゆっくりワイプでしょう。

　ただ光ったり色が変わる「強調」効果は滅多に使いません。アニメっぽすぎるので、使うのは軽い楽しいプレゼンテーションのときだけにしましょう。

　以上をまとめると、

●ダウンを使うのは、文章を1行1行、しっかり見せたいとき
●フェードを使うのは複雑な図形を段階的に説明するとき
●同じ文章でも、まとめ部分だけ動きが違う（カーブなど）のは、それを強調したいから

　そして、どのスライドでも動きをそろえることで、**一貫性が出て、一種のリズムがつくられます**。ダウン・ダウン・カーブ、とか、フェード・フェード・カーブ、とか。

　そして**そのリズムを自ら破ることで、最大の「集中」が生まれます**。
　たとえば上記のプレゼンテーションで、最後のスライドだけは、ワードがアップで出てきたらどうでしょう？　しかもゆっくりと。

　最初は一面、闇に浮かぶ地球の写真。文字はひとつもありません。それだけで1分ほど話します。

　その後、段落ごとにアップで、ゆっくり文章が現れます。漆黒の宇

ロングテールのアニメーション

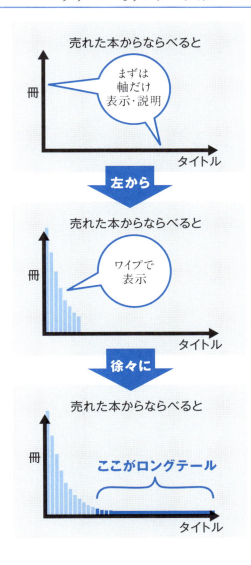

宙をバックに、白抜きの文字で。

　これまでとは、画面の色も、文字の色も現れ方も、話し方も変えて、最大限の集中を引き出すのです。

　そして最後の念を押します。

「もっとも大切なことは自分で考えること」

　5秒待って「これで、講演を終わります」。

トランジションも3〜4種類で十分

　スライドとスライドの間の動きが「トランジション」です。パワーポイント日本語版だと「画面切り替え」と書いてあります。アップルのKeynoteなどが先に導入していた機能ですが、パワーポイントでも今では50種類弱もの動きが用意されています。

　最新版（2016年版以降）なら、「飛行機」「折り紙」「粉砕」「クシャクシャ」といった派手なものから、「変形」という特殊なものまでさまざまです。同じトランジションでも、「上から」とか「下から」といったオプションが複数あるので、使えるトランジションの種類は優に100を超えるでしょう。

　でももちろんここでも使う種類は「絞り込む」こと。そしてそれらにちゃんと意味も持たせて全体で「統一する」ことです。

　私の場合、よく使うのは「フェード」「さざ波」「キューブ」「扉」の4種類です。

●フェード：これが基本。トランジションはデフォルトでは「なし」になっているので、全スライドを対象にして「フェード」を指定

●さざ波：似ているスライドだが若干変わるとき使う

●キューブ：途中や最後のまとめのスライドなどで使う。塊が回転してドンとくるイメージが欲しいのでオプションで「上から」を選ぶ

パワーポイントのトランジション

●扉：話が大きく変わるときに使う。「窓」も似ているが背景が黒の「扉」のほうが転換イメージが強い。オプションは扉が左右に開く「縦」を選ぶ

　あとは冒頭や休憩明けのときに使う「渦巻き」や「ハチの巣」がありますが、切り替えに４秒もかかるので、プレゼンテーションの途中では使いません。また、「クシャクシャ」など派手なものも使いません。聴衆の注意がそこに向きすぎるからです。
　あくまでシンプルに、わかりやすくを第一に。

インパクト・スライドをつくる

プレゼンテーションスライドは報告資料の要約版ではない

多人数で進めるプロジェクトがあったとしましょう。プロジェクト終盤になると、最終報告資料づくりに邁進することになります。

最終的なメッセージを決め、それをサポートするための論理と証拠を積み上げていきます。大きなメッセージを伝えるためには、ピラミッドを最低5段は積まないとダメかもしれません。

冒頭では、いかに事業環境が激変しているかを示して、役員たちの認識をそろえて、危機感を盛り上げないといけないでしょう。

細かい大量の分析資料は、別紙に分けます。それも、本編とそろえて上手く構成しないと格好悪いでしょう。

そうして、数カ月にわたったプロジェクトの成果物の集大成として、報告資料は優に100頁を超え、200頁の別紙資料とともに完成となります。

でも、これはプレゼンテーション資料ではありません。こんな分厚いもの、誰が3時間じっと座って聞いていられるでしょう。

プロジェクト・マネジャーは最後の力を振り絞って「プレゼンパック」をつくり始めます。大体、報告会前日の深夜のこと。各章の「まとめ」を集めて、主要な「分析」を引っ張り出し、数枚の資料を1枚のスライドに押し込み、全体を数十頁に集約します。

それは、ピラミッドでいえば、上から2〜3段だけを切り取ったもの。確かに全体もわかるし、全部が濃縮されています。でもこれでいいのでしょうか?

違います。そんなものはプレゼンテーション資料ではありません。

報告資料が「本」だとすれば、プレゼンパックとはなんでしょう。少なくともそれは、本の目次でも、要約でもありません。

プレゼンパックは本の表紙やオビであり、その結論です。潜在的な読者を惹きつけ、手に取らせ、ある意思決定を引き出すためのものなのです。

意思決定を促すためのツールとして

報告会はそもそも、なんのために行うのでしょう?

それは「**意思決定**」のためです。

相手が役員でも部長でも課長でも誰でもかまいません。膨大な手間とコストをかけて、会議を開き、人を集めて、プレゼンテーションをし、議論をするのは、物ごとを「決める」ためです。

プレゼンテーションは、意思決定を迫るために行うものですし、**プレゼンパックは意思決定を促すものでなくてはなりません。**

当事者たちに意思決定を迫るために、プレゼンターは最大限努力するべきでしょう。前日前夜でなく、最低、報告会の1週間前から準備をし、専用の資料をつくり、プレゼンテーションの予行演習をするのです。当然のことです。

それはお化粧でも弥縫でも誤魔化しでもありません。意思決定を促すというのは、それほど難しいことなのです。

プレゼンテーションに、プロジェクターは必須ではありません。口頭で十分な場合もあるでしょうし、手元に紙を配ってすむ場合もある

でしょう。しかしながら、資料を読みふけられてしまっては、けっしてよい議論はできませんし、せっかくみんなが集まった価値がありません。みんなに上を向かせ、前に集中させ、ひとつのことに意識を向かせるためのツールが、プロジェクターでありプレゼンテーションソフトなのです。

さらには、その集中を高め、メッセージを印象づけるために、さまざまな工夫があるでしょう。色をつけることもそうですし、イラストやアニメーションも役立ちます。パワーポイントも2007年版以降では、図表や文字の表現力が格段に上がっています。

でもそういった細かい技に走る前に2つ、**インパクトあるスライドづくりに必須なこと**があります。

対策1：トレードオフを明確に見せる

「戦略とは捨てることなり」という名言があります。**なにかを得ようと思えば、なにかを捨てなくてはならない**のです。

大きなリターンのためには、ある方策を定め、そこに大きな経営資源（ヒト・モノ・カネ）を投入することが必要です。では、そのことで「捨てているもの」とはなんでしょう。大きく3つあります。

①大きなリターンを狙うということは、大きなリスクを背負うこと。捨てていることの第一は、経営の安定性である。安定を捨て、動的な発展（の可能性）を得る

②ある方策を選んだということは、もちろん他の方策を捨てたこと。他の方策による成功の可能性を捨て、ある方策のみに賭けた

③経営資源は有限であり、それをある分野に大きく投入することで、その分野に関係のない部分は逆に圧迫される。これも、間接的に捨てていること

トレードオフとは、なにを得るためになにを捨てなくてはいけないかの、取捨選択対象と条件を明示すること。それこそが意思決定のためには必須の内容なのです。だからこそ、プレゼンテーションではここをしっかり見せなければなりません。

　これら「捨てること」をきちんと決めずに、ただ「優先順位」などに逃げると、結局は「すべてをやる」ことになり、最終的には「なにも成し遂げられず」に終わります。

対策2：インパクトあるスライドを中心に組み立てる

　多くの人が誤解していることのひとつが「ピラミッド」です。プレゼンテーションにおいていちばん大切なメッセージと、それにまつわるトレードオフを示すのに、ピラミッド型（緻密な階層型）の組み立てである必要はまったくありません。

　聴く側がそれしか受けつけないのであれば、当然その型を使います。でもそうでないなら、組み立て方は何十通りもあるでしょう。

　演説でよく使われるのは「起承転結」です。転の所で聴衆の心を揺さぶり、結で一気に畳み込みます。実は結の所に対するピラミッド的サポートが弱い（もしくはない）のですが、起や承に「その会社での常識」を重ね合わせることで、大きな転換をもたらすこともできるでしょう。

　逆に、結から入る手もあります。まずは結論。そこで驚きや疑問を湧き立たせ、その結論への旅を見せていく。日本人相手にはリスクの大きいやり方ですが、上手くいけばハイリターンも期待できるでしょう。

　いずれにせよ、**重要なのは「インパクトあるスライドを中核に組み立てる」**ということです。

それは高度なシミュレーションが示す**1個の数字**かもしれません
し、美しい相関を見せる**1枚のグラフ**かもしれません。若手コンサ
ルタントが現場から拾ってきた、たった**1行のコメント**がインパク
トを生むときもあるでしょう。

プレゼンテーションは、その目的である意思決定に向けて、もっと
もインパクトある部品（パーツ）を中心にして組み立てていくべきな
のです。

弱い分析を10個ならべて「これで証明されました」なんて絶対や
らないこと。そんなものを見せられたら、相手は逆に不安になります。
強い分析が1個あるなら、それをメインにして残り9個の弱い分析
は表にでもして終わりにしましょう。枯れ木も山の賑わいとして。で
もけっして枯れ木を詳しく説明しないこと。

詳しく説明すべきはもちろん、メインの分析です。

ここに全力を注ぎましょう。まずは内容を明確にして、言葉を磨い
てコンセプト化すること。
「つまり、○○が□□化しているのです！」と。

それに関する具体事例をそろえておくことや、反論への備えも当然
必要です。数字も二重三重に検証するべし。

そして、それらをしっかり強調します。

アニメーションも他の部分では「ダウン」や「フェード」くらいに
抑えておいて、動きや色も地味にしておくこと。「フリップ」などの
特殊な動きはここでこそ、使いましょう。しかもたった1回だけ。

これこそがインパクト・スライド。

スタンド・アローン
～ひとり、舞台に立つ

STAND：立て、立ち続けろ、けっして座るな

　クライアント（お客さま）の前でプレゼンテーションするようになったとき、先輩に言われました。

「絶対に、座るな。お前がプレゼンターである限り、立ったままでいろ」

　実際、さまざまな議論が飛び交う役員報告会で、5時間立ちっぱなしだったこともあります。その間、一瞬たりとも座りませんでした。

　立っていることは、義務ではなく権利なのです。プレゼンターに許される最強の特権と言ってもいいでしょう。

　相手が誰であろうと、何十人いようと、報告会では普通はみんな、座っています。そのなかで、たったひとり、立って歩き回っていられるのです。

　これほど有利なポジションがあるでしょうか。

　参加者間の議論が長引くと、事務局の方が気を利かせて言ってくれることがあります。「しばらくかかりますから、座っていてください」。わざわざイスを持ってきて、「どうぞ」とすすめてくれたりするかもしれません。

　もちろん答えはNO。にこりとしながら「大丈夫です。このほうが楽なので（ウソ）」。

　だって、**立っている人間は、自動的に議論のファシリテーターにもなれる**のですから。そして、議論を斜め上から静かに見下ろします。

基本編：10枚20分のプレゼンテーションをこなす　第1章

座らず立ち続ける

087

必要な介入の瞬間を見極めるために。

　立て、立ち続けろ。けっして座ってはいけない。必要なら、事前に背筋を鍛えよ。

ALONE：舞台に役者はひとり

　プレゼンターとして、そして、ファシリテーターとして、あなたはひとり、舞台に立っています。スポットライトの当たる、たったひとりの役者です。

　そのとき、どれだけ自身の姿勢に気を遣っているでしょう。その姿勢の発するイメージやメッセージに気がついているでしょうか。体の傾き、手の位置、腕の角度、顔の向き、視線の高さ……。あなたの**姿勢は雄弁**です。

　30 年前一度だけ、「姿勢の研修」を受けました。BCG でのもので、数名が参加しました。講師は個人でスピーチ研修業を営む元 NHK アナウンサー A さんでした。

　まずは一人ひとり、**スライド 1 枚での自己紹介プレゼンテーションが課されました**。彼はそれに対して鋭い指摘をバンバン入れます。そして、手とり足とりの姿勢矯正を始めます。

「基本は自分を大きく見せることです」

「大きさが、信頼を生むのです」

「足を少し開いて、胸を張り、腕を少し拡げて、手を上げましょう」

　彼は自分でやってみせます。

「どうです？」

　彼は 160cm ちょっとの小柄な体格。それが、確かに大きく安定して見えます。

　尊大でなく、しかし威厳をもって自分を大きく見せる。そんな独自の「姿勢」を探究した、貴重な 2 時間でした。

基本編：10枚20分のプレゼンテーションをこなす　第1章

　舞台の上で、たったひとりスポットライトを浴びて、注目される孤独。それに優雅に耐えるべし。

　しゃべる前からそれは始まっています。**あなた（の姿勢）は観客に向かって多くのメッセージを発しているのです。確信、不安、集中、余裕……。**

　立ち姿に、しゃべり姿に自信ありますか。まずは鏡の前での練習から。

STAND ALONE COMPLEX：チームで戦う

　『攻殻機動隊 STAND ALONE COMPLEX』は、士郎正宗原作の SF アニメです。

　そこで描かれる2種類のスタンド・アローン・コンプレックス。

　ひとつは「笑い男事件」をきっかけとしたその模倣犯たち。もうひとつは主人公の草薙素子を中心とした公安9課の面々。それぞれが孤立（スタンド・アローン）していながら、複合体（コンプレックス）としてひとつの強力な行動を取る姿のことを指しています。

　プレゼンテーションの最後のあり方は、まさにこれです。

　役者ひとりで舞台はけっして完結しません、いや、存在すらしえないでしょう。ワキがいてシテがいて[15]、観客がいて、囃す音があって観客のどよめきがあって、それらすべてが舞台の一部となって、能は初めて成立します。

　プレゼンターがプレゼンテーションを進めるなか、上司や同僚、部下はなにをすべきなのでしょう。

　自らどう舞台の一部となるのか、かつ、観客（クライアント）を最

15　能でワキは脇役、シテは主人公。多くの場合、ワキは重要な役割を果たす

089

大限巻き込むために、なにができるのか。そして、プレゼンター自身
は、観客をその「コンプレックス」に巻き込むために、なにができる
のでしょうか。

　答えのおおもとはおそらく、その場にはありません。**そこに至るま
での共通経験や共通言語によって初めて、無意識での協働現象が起こ
る**のでしょう。その場でやることは、想起助成（それらを思い出させ
る手助け）にすぎません。

　プレゼンテーションに至るまでには、クライアントとの間で数十回
に及ぶ、侃々諤々の議論があったはず。それを、思い出させるなにか
が、プレゼンテーションの山場で少し光れば、きっとそれで十分なの
です。

　さりげなく、しかしキラリと光らせましょう。メンバーおそろいの
「富士登山記念バッジ」なんていいかもしれません。

STAND ALONE：信じて託す

　BCG 生活 9 年半（うち 1 年半はフランスの INSEAD への社費留学）
での最後のプロジェクトは、ある飲料メーカー K 社とのものでした。

　グローバルプロジェクトでもあったので、クライアントチームも
BCG 側も多国籍軍。日本チームに関わる人たちだけでも、ドイツ、
イギリス、アメリカ、カナダ、中国（香港）にバングラデシュと多種
多様でした。

　プロジェクトルームには日本語と英語が飛び交い、われわれは "7-
11" 状態となりました。7 時から、夜 11 時までの勤務です。でもそ
れは仕事量というよりは、スタイル差の問題でした。

　クライアントの外国人メンバーはみんな早起きで、早朝ミーティン
グが大好きです。一方、日本人メンバーは（会社の日常業務を一部兼

務していたためもあるが）夕方からが勝負です。さらにわれわれには、海外の同僚コンサルタントとのコミュニケーションという仕事が深夜に待っていたりします。日亜米欧の4極をつなげば、必ず日本時間では深夜になります。

それまでの私のコンサルタント生活の中でも、もっとも濃密な半年が過ぎ、いよいよ最終報告会が近づきます。でも**プレゼンターは**私ではありません。部下たちでもありません。**クライアントメンバー自身**なのです。彼・彼女たちが、日本で、香港で、そしてニューヨークで上司たちの前に立ち、自らプレゼンテーションを行いました。改革プロジェクトの責任者として。

私たちコンサルタントはそのときなにをしていたのでしょう？

もちろん隣で応援です。聴衆からの想定される質問（突っ込み）に対して、万全の準備を整えて。

声も出さず、拍手もしませんが、どこからどんな弾が飛んで来ても、必ず防いでみせるという**気迫を込めて、プレゼンターの横に座って**いました。目は真っ直ぐ聴衆たちに向けて。プレゼンターを見ることはありません。それこそが信頼の証だから。

プレゼンテーションで前に立つのはひとりです。そのための鍛錬を入社以来3000日間、ひたすら続けていました。ただそこに立つSTAND ALONE の潔（いさぎよ）さ。

でもそれを他の人に完全に託すという経験をして、私のBCGでのプレゼンテーション修業はひと区切り[16]となりました。

16　このプロジェクトはクライアントCEOらに高く評価され、さらに半年の延長となった。そのために転職が半年延びた（笑）

私のプレゼンテーション力は、

●立って読むだけ。ただし、聴いてわかる資料にする
●しゃべることをすべて紙（やパワーポイントのノート部分）に書き
　込んで、丸覚えする
●メモにそれぞれのスライドのポイントだけ書いておく
●メモの最後に次のスライドへのつなぎの言葉だけ書いておく

　という進化の段階を経ることによって、9年かけてつくり上げられ
たものでした。
　その修業の舞台は1996年夏、BCGからアクセンチュアに移ります。
そこにはBCG時代には触れ得なかった世界が拡がっていました。
　それはあまりに広大で、複雑な、未踏の地でした。
　もう1段の飛躍が必要でした。

第2章

上級編

多数相手に90分の講演をこなす

「場」の支配

カップル比率 10% の大学講義

　アクセンチュアに転職したのは 1996 年、32 歳のときでした。

　しばらくたった頃、東京・四谷にある**上智大学**を訪れることになりました。当時の上司、程近智さん（現会長）が受け持っていた、**経営学講座のゲスト講師**として。

　キャンパスに足を踏み入れたときから、クラクラするほどの違和感がありました。女性比率 8 割（感覚値）のキャンパス風景は、まったく馴染みのないものでした。

　講義が行われる大教室は、最大 300 名を収容するすり鉢状の階段教室。200 余名の受講生が三々五々集まってきます。直前に（履修者が多すぎて）教室変更があったため、遅刻者多数となりました。

　全体の男女比は半々ほど。前列にはわりと真面目そうな人たちが座り、中段にはいろいろな人、そして後列には遅刻者とカップル受講生たち！

　みなさんザワザワザワザワ……。雑談が続きます。

　程さんによる**講義が始まっても、ざわつきは収まりません**。まるでスピーカーによる大音量と張り合うかのように、私語に精を出しています。

　ワイワイ　ガヤガヤ　ヘェヘェ　ソウナンダー。

　壇上の教員からの話の内容は、自分たちが前回の講義時に出した質問票への答えだというのに。真面目に聴いている学生は 3 割くらい。

上級編：多数相手に90分の講演をこなす　第2章

　さあ、もうすぐ私の出番です。テーマはお得意のCRM（Customer Relationship Management）。本も書いたし、講演も数十回こなしてきたネタです。内容に不安はありません。プレゼンテーションの準備は万全です。

　でも、今この「場」の問題はそれ以前。これではダメです。
　この「場」を一体どうしましょう。程さんの話が続くあいだ、私は階段教室の最後方からじっと「戦場」を見つめていました。

「場」の支配、心の準備

　程さんから「本日のゲスト講師」と紹介され、私は最後列から教壇へと歩き出します。一歩一歩、カツカツとブーツの靴音高く。視線は前に、学生のほうは見ません。
　学生たちの視線が背中に集まるのがわかります。そのまま高さ1メートルの壇に飛び上がり、くるりと振り向きます。にこりともせずに。
　この瞬間が勝負です。
　私はそのままゆっくりと頭を廻らせ、ざわつく学生たちを眺め渡します。**口を結んだまま、一言も発せず、無表情に。**
　そして、待ちました。

　数秒後、ただならぬ雰囲気に、急速にざわつきが減っていきます。
　それでも話し続ける呑気な学生もまだ2割。この講師は何者だろう、なんでだまってんだろう、なんてしゃべっている者も。
　では、もう一撃。

　私は人差し指を立てて、閉じた唇の前にそっと持ってきます。
　これならわかるよねえ。みなさん、静かにしましょう。

095

やばい、といった感じの緊張感とともに「ほぼ」全員の無言の視線が私に集まります。

これでも数名、後ろを向いたまま私語に励む者がいます。私は視線だけでその周りの学生に促します。

「そいつを、黙らせてくれないかな」

そして訪れる完全な静寂。

ここまで約30秒。

これで、準備はできました。私のではありません。聴く人たちの「心の準備」が、です。

とりあえずは**虚心坦懐に受け入れ、集中する心なくして学びはありません**。

社長と雑談、できますか?

大企業でのプロジェクト報告会だと、会議室に最後に入ってくる社長を、全役員が会話もせずシーンと待っていたりします。

開始予定時刻ちょうどか2〜3分遅れで社長が席に着き、事務局が一言発します。

「では定刻になりましたので、○○プロジェクトの中間報告会を始めさせていただきます」

どうぞ、と振られてプロジェクト・マネジャーたちは即答します。

「では、今日は○○についての課題分析についてご説明します」

これは、ダメ。

きわめて効率的ではあるけれど、「場」のつくり方としては失格です。**仮にも「伝説に残るプレゼンテーション」をしようと志すならば、最初は「雑談」から入らないといけません**。しかも、いちばん忙しいはずの社長さんと。

上級編：多数相手に 90 分の講演をこなす　第 2 章

まずは社長と雑談から

そういった雑談こそが、プレゼンターと社長がどういう関係なのかを、他の参加者に知らしめるものなのです。

　雑談のテーマは、プロジェクトと直接関係なさそうであればあるほど、いいでしょう。でもゴルフじゃありきたりだし、天気じゃつまらない。今朝の日経新聞ネタでもいいかもしれませんが、**どこでも役に立つのが「今日の受付」ネタ**です。

　クライアント先に早めに行って 30 分、じっと受付（やロビー）周辺を観察してみましょう。そうするといろいろなものが見えてきます。受付の人の流れや混沌、親切な人と慇懃無礼な人、隣を通り過ぎる社員たちの明るさや暗さ。受付フロアにあるさまざまな什器の具合、欠番だらけのパンフレット置き場、ホコリをかぶった主力商品の模型、少し斜めになったままの高価そうな印象派の絵画。

　これらを社長はふだん、けっして気にすることはありません。大抵、ビルの地下や裏の車止めから出入りしますし、たとえ正面玄関から入っても、そんな細かい隅々までゆっくりと見渡したりはしていないからです。

　しかし「ディテールにこそ本質が宿る」もの。

　そういう場所にこそ、その会社の「顧客主義」度が見て取れます。

権威型、共感型、尊敬型の「場」づくり

　最初はやはり明るめの話題から、と思うなら、「こういう素晴らしい社員さんを見た」とか「商品がこういう思わぬ使われ方をしているのを発見した」、そんな話でもいいでしょう。

　できれば 3 分、少なくとも 1 分。そういった**明るい、笑いや気付きのある「雑談」からプレゼンテーションを始めましょう**。

　そしてその話に満足した社長さん自身が切り出します。

「じゃ、三谷さん、お願いしましょうか」「みんな、いいかな？」

こちらもプロジェクト・マネジャーに笑顔で促します。
「始めようか」

それこそが「場」づくり。

権威型、共感型、尊敬型、なんでもかまいません。場の雰囲気を自らつくり、それをコントロールしましょう。そしてその第一歩が「社長との雑談」なのです。

いきなり仕事（＝お金）の話をしては、いけません。

そんな余裕のない人の話に相手はけっして、共感・尊敬・権威を感じたりはしないでしょう。

思いっきり背伸びして、余裕を見せて、ゆっくり雑談から。もちろん雑談準備も、完璧に。

「期待」の
コントロール

社内報告会と講演はまったく違う

　アクセンチュアに転職して、BCG時代とは違う表現の「場」が生まれました。それが**「書籍（本書き）」「寄稿（記事・論文書き）」**と**「講演」**でした。

　上司の一言から『CRM〜顧客はそこにいる』を共著者として書いたのが1998年末。日本で初めてのCRM解説書として、その後の増補改訂版（2001）も含めれば4万部を超えるベストセラーになりました。これがキッカケで、そのテーマでの寄稿やらプレゼンテーションを大量に引き受けることになったのです。

　ただ、もともと本自体、その直前に始めていた「CIO[17]向けCRMセミナー」から来ています。そのセミナー向けにつくり込んでいたプレゼンテーション資料やそのときのしゃべり（トーク）をそのまま書き下したものが、『CRM』でもありました。だから、CRMテーマでプレゼンテーションをすることにはなんの問題もない……はずでした。

　ところが、やってみたら、全然違いました。

　そのときの講演依頼は、インハウス（一企業向け）のものではなく、**一般セミナーやIT展示会、業界団体**のものが多かったのです。

　聴衆の満足・不満足は、期待と現実のギャップによって生じます。

17　Chief Information Officer：情報統括役員

上級編：多数相手に 90 分の講演をこなす　第 2 章

満足度は期待と現実とのギャップで決まる

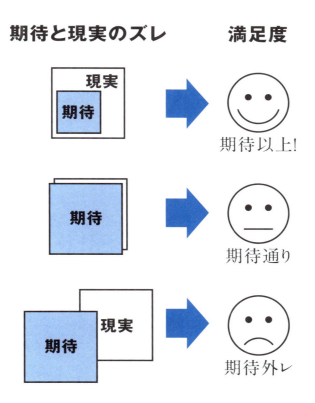

現実が一定だとすれば、事前の期待とそれとが一致すれば「期待通り（満足）」となり、期待が大きすぎたりズレていれば「期待外れ（不満）」、逆なら「期待以上！（大満足）」となります。

　ところがこの「期待」は人によってその内容がまったく異なります。しかし、講演時に提供できる「現実」は通常、たった1種類だけです。

　なので、プレゼンテーションの内容が完璧だったとしても、それがその聴衆個人のニーズに合っていなければ、満足度は大いに下がるでしょう。

　実際、東京ビッグサイトのIT系展示会（エキシビション）などで講演をすると、聴衆のバラツキに驚きます。

　大企業の社長クラスから新入社員までが聴衆として集まり、その知識レベル・興味関心はバラバラです。さらには、**立場が180度異なる人たちの集まり**になります。つまりITを使う（ユーザー）側と提供する（ベンダー）側です。

　展示会には無数のIT企業がブースを出しスタッフが常駐しますが、みんながずっと忙しいわけではありません。だから展示会は「ユーザー企業への売り込みのために開かれるもの」なのに、そこでのイベント（講演など）参加者は、半数がIT系ベンダー自身、などということになるのです。

　また、ユーザー企業といっても、社内情報システム（情シス）部門の人と、ユーザー部門の人では、これまた期待が全然違います。この三者（ITベンダー、ユーザー企業情シス部門、ユーザー企業ユーザー部門）すべての「期待」に応える話なんて、できるわけがありません。

バラバラの「期待」を整理する

　放っておけば、聴衆は勝手に期待します。

「自分に合った話が聞きたい」「成功や失敗の具体的な事例を知りたい」「細かいことより新しいコンセプトが聞きたいな」

　そして、同じ話（プレゼンテーション）に対して、部長以上の幹部クラスからは「考えが整理されて大変よかった」と評価され、現場スペシャリストからは「話が抽象的で役に立たない」と酷評されます。それならと具体論を詳述すると幹部たちには「個別の経験を語られても意味がない」と一蹴される始末……。

　２回ほどやって、プレゼンテーション内容の調整で対応するのはやめました。**「現実」**より、**「期待」**を変えるしかないと悟ったのです。

　いちばん簡単なのは「ユーザー企業のユーザー部門限定」というように聴衆を絞ってしまうことです。ただこれでは幅広い層の集客を求める「IT展示会」の主催者のニーズには応えきれません。そこで、最初に挙手してもらうことにしました。

「あなたの立場を教えてください」「次のうち、どれにいちばん近いでしょうか？」

「①ユーザー企業のユーザー部門もしくは経営者、②ユーザー企業の情シス部門、そして、③ITベンダーもしくはコンサルティング会社、つまりアクセンチュアからすると競合他社ってやつですね（笑）」

　そして挙手の後、宣言します。

「今日の講演は、ユーザー企業ユーザー部門のみなさん向けです」

「情シス部門の方々は、ユーザー部門の本音と思って聞いてください」「実現すべきはこういうことなのです」

「IT系企業の方々やコンサルタントのみなさんにとっては、アクセンチュアがどうユーザー企業に売り込んでいるかがわかるでしょう。営業研修って感じですかね（笑）」

あとは、ひたすら宣言したターゲットに向けた話に集中します。

「CRMとはソフトウェアの名前でも、なんでもありません。顧客中心に事業を考えるということです」「でもそれは顧客満足度を上げるといった単純な話でなく、どうやって事業の収益を向上させるのかという事業戦略そのものなのです」「だから、CRMには、ユーザー部門が基点になるしかありません」「そのためには……」

最初の挙手と宣言。これだけでも「変な不満」はぐっと減ります。

なによりこちらのスタンスを示すことで、聴衆の参加スタンスもハッキリします。

「全員の満足」なんて追いかけない。そう割り切って伝えるほうが、全体の満足度は格段に上がるのです。

上級編：多数相手に90分の講演をこなす 第2章

29 あなたは誰？から始める期待コントロール

つかみ3分

まずは相手のココロをつかむ。カリスマの面談術

いきなりプレゼンテーション、いきなり本論、は避けたいもの。

人は機械ではないので、論理だけではけっして意思決定には至りません。その意思決定が困難であればあるほど、論理を超えたものが必要になってきます。

それは、勢いだったり、気合いだったり、危機感だったり……。つまりは感情ということです。

その「感情」を呼び起こすために、プレゼンターができること、するべきことがいっぱいあります。

まずは相手のココロをつかむこと、です。上智大学の講義の話では、それを「場」の支配と呼びました。

元伊勢丹カリスマバイヤーとして名を馳せ、のちに参議院議員も務めた藤巻幸夫さんは、名プレゼンター、コミュニケーターとしても有名です。彼は面談時に相手の心をつかむには、「自分自身を晒し、語ること」だと言っています。

「私は今、こう思っています」「こう感じています」「新聞や評論家はこう言ってますけど、こんなのおかしい。私から見ればこうですね」

もちろん、相手の意見を無視することではありません。相手が興味

18　2014年に54歳で早世

や関心ある領域で、これをやるのです。

そこから相手はシンパシーを感じ始めます。こちらをギョウシャ（業者）や取引先の代表者ではなく「人」として見るようになるのです。「こいつの言うことを、聞いてみようじゃないか」、と。

他にも藤巻さんは、

「相手をカチンとさせると、こちらを向く」

「話に煮詰まったら『過去』をはさむ」

「人をほめるなら、第三者に向かってほめる」

「即断即決は人に感動を与える」

といった相手の心をつかむ極意を教えてくれています。（『藤巻幸夫のつかみ。』）

インタビューや面談であれば、こういったことは確かに効果的です。

１対１ですから、相手ひとりの反応で話のテーマを決められますし、相手に合わせて随時変えてかまいません。かつ、時間も結構かけられます。刑事コロンボ（古い……）ではありませんが、ダイジなことは最後にちょっとだけ尋ねる、でもかまいません。それまでの時間は、相手の心をつかむ（コロンボの場合は油断させる）ために使っていいのです。

私が新人時代、60分のクライアントインタビューの前に先輩に言われました。

「最初の15分は、本論に入るな」

「まずは自分を理解してもらって、そして相手を理解しろ」

「重要なことは後半30分でいいし、ホントに聞きたいことは最後に聞け」

と。これらは、プレゼンテーションでも似ています。でもちょっと、違います。プレゼンテーションはもう少しだけ難しいのです。

107

キツネのつかみ：ハロー効果

　聴衆がいっぱいで興味もバラバラ。かつ、そんなにつかみに時間をかけてはいられない。多くを相手に数分や数十秒で心をつかまなくてはならない。

　多人数相手のプレゼンテーションではそこが難しいのです。講演のように、相手がほとんど初対面の人であればなおさらです。

　初対面の人が相手であれば、まずは自分を売り込む必要がありますが、このときに、**権威者（有名人や偉い人）を引き合いに出して、自分を権威付ける作戦**をとる人が結構います。「ハロー（Halo）効果」というやつです。

　ハローは聖人の背後から差す後光のこと。人は顕著な特徴に引きずられて、他の特徴に関しての評価が歪みます。

　医者は医学・医療のプロであるというだけなのに、医者の発言はなんでも正しいと患者、家族は感じます。有名タレントの味の嗜好と自分のそれが同じであるかなんてわからないのに、宣伝しているコーヒーをおいしいんじゃないかと感じます。

　なので、プレゼンテーション内容に沿った適当な権威者を見つけて、

●発言や図を引用する
●監修を受ける
●お墨付きをもらう

　といった方法があるでしょう。「先日、XX先生に呼ばれてお邪魔したら、△△の話が出ましてね」云々。

　自分の権威者に対する近さを印象づけ、かつ、その権威者のコメントとして話を導入するのです。

上級編：多数相手に90分の講演をこなす　第2章

　私は絶対やりません（笑）。人まかせすぎますし、なにより（相対的に）自分を低めることにもなります。虎の威を借る狐、と見られるリスク大です。

　しかも、有名だと思って引き合いに出した権威者を、相手が知らなかったら悲しいですし、その権威者を嫌いだったりしたら最悪ですから。

自己紹介型つかみの3パターン

　もし、**自分がつくったもので見せられるものがあれば、それを実際に見せるのが売り込みとしてはいちばん**です。

　なにも言わずにいきなりGoogle Earthを起動して、今いる場所や会場を上空から映します。そこから移動していって、ある建物をズームアップします。見るからにデザイン性抜群です。

「これが20年前、私が最初に手掛けた作品です」

　建築家や住宅メーカー社員だったら、こんな入り方もあるかもしれません。

　消費財の商品開発者なら、最新ヒット作のサンプルを全員に配るのです。触ってもらい、食べてもらって、そこから話に入ります。まずはその商品の開発苦労話を思い入れたっぷりに。そして、なぜその商品が最終的に失敗したかを分析していく……。

　どうでしょう？

　生産財やサービス型のものだと、なかなか実物を見せるのは難しいでしょう。

　それでも、その商品のイメージや素晴らしさをなんとか伝えようとしているのがテレビCMです。それをその場で流す手もあるでしょう。みんながすでによく知っているモノでは面白くないから、海外で流し

109

たものとか、ある期間だけ流したもの（オリンピック期間中だけとか）を見せるのです。そして、それについて語ります。

アクセンチュアはときどきテレビCMを流します。巨大なサメに追われ、逃げ惑っていた魚たちが連携し、隊形を整えて反撃する。そんなCMもありました。

なぜ企業のみを顧客とするB2B企業がテレビCMを流すのでしょう？　それは顧客企業のトップたちがやはり取引先のメジャー感を気にするからです。

でも、サメ版のCMのときにはクライアントたちに言われました。「なんだかわれわれが食べられるほうでアクセンチュアがサメって感じだね」

アメリカでつくったものをそのまま流すとこんなことがあったりします。国によって文化は違うので、コンテンツのグローバル化は大変です。

聴衆参加型つかみで参加意識を高める

こういった自己紹介型とは別に、**聴衆参加型の入り方**でもあります。

大体、午後のプレゼンテーションだと、聴衆も疲れています。午後イチだと、食後の眠気に襲われる人も多いでしょう。多人数であればあるほど、自分の参加意識は薄れ、ただ座っているだけの存在になっていきます。

これをまず、打ち破ります。そのためには参加者が体や頭を動かすことが必須です。

ナゾナゾを出して挙手してもらうのもいいですし、隣同士で自己紹介させるのもいいでしょう。

ただ、必ずオチがあること。挙手の結果がどうであっても、その後のプレゼンテーションにつながる、気づきがそこにあるネタを必死で

考えましょう。

　前節での CRM 講演冒頭での「期待コントロール」のための参加者挙手もそのひとつ。挙手の前にこんな口上がついたりします。

「CRM の第一歩は顧客の理解です」

「なのでまずは『みなさんが何者か』を調査するところからこの 60 分をスタートしたいと思います。では挙手でお願いします」

　調査結果を受けて私がどう話をつないだかは、前節「バラバラの『期待』を整理する」で確認を。

声を磨く

声が通るは七難隠す

「色の白いは七難隠す」といわれます。美白信仰が強い中国北京辺りでは「百難隠す」とも言うのだとか。

プレゼンテーションでそれに当たるのが「声」です。

美声の人はそれだけで、いいプレゼンターになる素質があります。ただし、ここでの美声の条件は、声が高いことでも低いことでもなく、**「声が通る」ことと「声の響き」**です。

これらにとても価値があるのです。

声が（周波数的に）高ければ、通りやすいわけではありません。低すぎても高すぎても人の耳はそれを小さくしか捉えません。また、低めの音は特に、周りのさまざまな雑音（や雑談）に埋もれてしまいがちです。

肉声で「声が通り響き渡る」ことの最高峰はオペラ歌手でしょう。

その発声法のひとつに「ベルカント唱法」があります。母音の多いイタリア語向きで官能的で大きな音を発することができます。

こういったものを頂点として、世の中にはさまざまなヴォーカルトレーニング、ヴォイストレーニングが存在します。これにもさまざまな流派があり、腹式呼吸と地声を基本として安定的で豊かな声量を目指すもの、裏声を上手く使って（声区融合）より伸びやかでハッキリした発声を目指すもの、そのいずれでもないものなどなど……。

プレゼンテーションは歌唱ではないので、いわゆるヴォイストレー

上級編：多数相手に 90 分の講演をこなす　第 **2** 章

ニングのすべてが必要なわけではないでしょう。それでも、自分の発声に自信のない人は、プロのトレーニングをおすすめします。

スペクトラム（周波数）大作戦：胸に声を響かせる

　誰でも生まれた直後は寝るか泣くかだけなので、声域はほぼ一緒で440 ヘルツくらいです。これが大人になるにつれ、上下に拡がっていって、約 70 ヘルツから数千ヘルツの周波数の音を発するようになります。

　ある高さの声を周波数分析機（スペクトラム・アナライザー）にかけると、さまざまな周波数の音が混ざっていることがわかります。

　音としていちばん大きいのはその声の高さに対応した「基本周波数」で、そこに「倍音」[19]がいくつも重なって、さらにそれ以外の周波数の音が被さっています。

　人の声の基本周波数は男性で 110 〜 150 ヘルツ、女性で 220 〜270 ヘルツくらい。この基本周波数が、あまりに上下に外れると「高すぎ」「低すぎ」で、聞き取りづらく感じます。

　典型が力士たち。

　基本的には身長と声の高さが反比例するので、特に大型の力士は声が低くなります。（身長 203cm の曙の、基本周波数は 90 ヘルツ）特に人の耳は低音への感度が低いので、低すぎる声は聞き取りづらくなります。

　しかし実は「倍音」が問題なのです。バイオリンの名器「ストラディバリウス」の音の特長は「よく響き、よく通る」こと。その音を分析したら、倍音成分が多く、それ以外の周波数が他のものよりずっと少なかったとか。

19　基本周波数が 100Hz なら 2 倍音は 200Hz、3 倍音は 300Hz など

113

声でも同じような話があります。プロのバリトン歌手の周波数を見ると、3000ヘルツ付近が強くなっています。これによって「声が通る」のですが、これはノドを共鳴させて出す周波数の音なので、訓練でなんとかなります。

体を伸ばして顎を引き、喉仏を下げて発声することで、共鳴管であるノドの部分が長くなります。それによって3000ヘルツ成分が強くなる、というのです（男性の場合）。

一般人のプレゼンターでも使えそうな、発声訓練法[20]をひとつ。

声を「胸に響かせる」のです。

方法は簡単です。胸に手を当てて、声を出します。そのとき、手に振動が伝わってくるようなしゃべり方や歌い方を意識してやってみましょう。

大きな声を出さないと難しいのですが、慣れればそこそこの大きさの声でも、胸に響かせられるようになります。「体を楽器として音を響かせる」のです。

これをここぞというときにだけ使います。

「みなさん、こんにちは！」から、何回も練習しましょう。

よく通り、大きく響くあなたの第一声が、聴衆たちを引き付けます。

カラオケ大作戦：絶叫系で声量を上げる

わざわざトレーニングを受けるのは……という人にでもできるのが、カラオケ大作戦です。「声を胸に響かせる練習」も兼ねてやりましょう。ただカラオケ大作戦の目的は、ともかく「声量」です。声の質がどうであれ、やはり声が小さくては話になりません。

かつ声量はエンジンの馬力みたいなもの。大声を張り上げないとき

20　NHK『アインシュタインの眼』「いい声で歌いたい！〜カラダはこう響く〜」などより

上級編：多数相手に90分の講演をこなす　第2章

カラオケで声を鍛える

でも、声量豊かな人は余裕を持っていい声を出せます。

でも、ただ無闇にカラオケ店に通えばいいわけではありません。まずは選曲です。**自分がいちばん歌いやすい音域で、でも絶叫系のモノを選びましょう。**ちなみに、私が30年前、最初に選んだのは、爆風スランプの「Runner」でした。「はしる〜、はしる〜」。

セッティングも大切です。マイクのボリュームは絞り気味にしてエコーも下げます。でも曲の音量は上げて、それに負けないように地声で頑張るのです。狭い部屋を自分の声だけで満たすように……。

最後は回数です。同じ曲を最低20回は歌い込みます。10回も歌えば、歌詞やリズム、メロディが気になることはなくなるでしょう。でも勝負はそこから。大声を出して、かつ、声を胸に響かせましょう。

声量アップのため、しばらくカラオケ店に通いました。レパートリーも、L'Arc-en-Ciel、BUMP OF CHICKEN、ASIAN KUNG-FU GENERATION、plenty など徐々に増えていき……。

あくまで、声量アップのためですよ。

モノマネ大作戦：好きなナレーターを聞き込む

ナレーターや俳優さんで、その声や話し方がお気に入りの人はいるでしょうか。これはその人の声をまねする作戦です。

とはいえその前に、**まずは自分の声のタイプを把握**しましょう。ちゃんと録音して、しっかりしたオーディオ機器で再生するか、スマートフォンでビデオ撮影して、再生します。再生側が貧弱だと、本当の声質がわかりません。高いのか低いのか（声域）、軽いのか重いのか（声種）。

それに合わせて、目標とするナレーター（もしくは俳優、アナウンサー）を決めましょう。たとえば、

上級編：多数相手に90分の講演をこなす　第2章

- **かなり低め**：江守徹さん（再春館製薬所の CM など）、杉本るみさ
 ん（『世界ナゼそこに？日本人』など）
- **低め**：小山茉美さん（『報道ステーション』）、緒形拳さん（『素敵な
 宇宙船地球号』）
- **中間**：薬師丸ひろ子さん、田口トモロヲさん（『プロジェクト X』）、
 石丸謙二郎さん（『世界の車窓から』）
- **ちょっと高め**：緒形直人さん（『世界遺産』初代）、キートン山田さ
 ん（『ちびまる子ちゃん』）
- **かなり高め**：髙田明さん（ジャパネットたかた前社長）

　といった感じ。

　歌唱と違って、メロディなどがないぶん、本当に微妙な抑揚や声の
出し方が、大切になってきます。テンポや抑揚といったことと同時に、
その声の質や響きを心に刻みましょう。

「いかなる苦境に立っても

　うわずった声を出してはならない

　悠々と構えよ　淡々と語れ」

　瀬戸大橋を架けた伝説のリーダー、杉田秀夫さんの言葉です。[21]

21　NHK『プロジェクト X』第39回「男たち不屈のドラマ　瀬戸大橋〜世紀の難工事に挑む」
より

相棒としての
スライド

スライドにどんな役割を求めるのか

　第2章の最後に、真に上級プレゼンターを目指すためのお話を。それが「相棒」です。

　プレゼンテーションはスライドとしゃべりの複合技です。その両方で聴衆の目と耳、視覚と聴覚に訴えます。

　ではそのなかで、**スライドとしゃべりの「役割分担」**はなんでしょうか。

　究極のプレゼンテーションであるキング牧師の『I Have a Dream』はスライドなんて使っていません。スピーチのみです。これが究極だとすれば、スライドはしょせんおまけにすぎないともいえるでしょう。

　しかしながらスライドという「相棒」にはもっと大きな役割を期待できます。お笑いだって、ピン芸人よりコンビが多いでしょう。ひとりより2人です。

　多くのプレゼンターがスライドに求める役割は、「説明補助」です。

　言葉だけで複雑な情報を伝えることは至難のワザ。2×2（田の字）の二次元マトリクスを口だけで説明しようとすればわかるでしょう。仮にしゃべることはできても、聞く側はほとんど理解できません。

　その点、もともと二次元平面であるスライドなら簡単です。「そうか、今は右下だけど左上しかダメなんだな」「そのためにはYを上げてXを下げないといけないのか」

上級編：多数相手に90分の講演をこなす　第2章

　他にもいろいろな説明に、スライドは活躍します。

　分析結果を示す数字の表やグラフ、具体的なインタビューコメント集など、**複雑なものをわかりやすく提示することに、スライドは長けているのです。**

　さらに重宝なのは、写真やイラストでの実物提示ができること。しかも動きを入れたりして。

　百聞は一見に如かず、の言葉通り、人は見たものを信じます。動きのあるものに魅了されます。

　視覚のインパクトは非常に大きく、それを最大限に活用するために、スライドのリアリティ（CGでの疑似リアリティ含む）はここ20年、急激に上がりました[22]。

　これもスライドが果たす重要な役割でしょう。

舞台上の相棒としてスライドを使う

　でも、スライドを相棒と考えたとき、それだけじゃつまらない。相棒（スライド）はただの拡大投射機ではないでしょう。

　さっきの話に戻って、お笑いコンビで考えてみましょう。2人は一体どんな役割分担をしているでしょうか。

　そう、多くが「ボケ」と「ツッコミ」です。

　もちろん、やすきよ（横山やすし・西川きよし）やドランクドラゴンのようにボケとツッコミが自在に入れ替わることもありますし、サンドウィッチマンのようにボケ役がツッコミ役をいじりながら進行するという形態もあります。

　スライドに、ときどきそういう役割を担わせてみましょう。

22　ファイルサイズも100KB程度から1MB、10MBとうなぎ登り。最近は100MBなんていうのもザラ……。ちゃんと画像のリサイズ機能を使いましょう

流れを大きく変えたいとき、聴衆に「衝撃」を与えたいとき、スライドをボケ役やツッコミ役にするのです。それは、しゃべったとおりにスライドに書いていない、書いてあるとおりにしゃべらない、ということでもあります。

　そもそも、スライドに書いてあることを読むだけならプレゼンターはいりません。逆に、プレゼンターが話したとおりのことが書いてあるだけならスライドはいりません。**スライドとしゃべりには差異があって当然**です。

　しかし、それを大きくずらすこと。

　そこに驚きが生まれます。

「裏切り」

　たとえば「裏切り」。

　スライドにそんな役割を与えたのは、私の BCG での大先輩である織畑基一（おりはたもとかず）さんでした。

　彼は、1970 ～ 80 年代、黎明期（れいめい）の経営戦略コンサルティング業界を支えた賢者のひとりです。

　ある大手自動車メーカー向けのプロジェクトでのこと。クライアントの現場マネジャーや部門長たちは、自信満々。コンサルタントがなにを分析・指摘しても「わかっている。対策は打っている」と繰り返すばかり。

　その態度に業を煮やした彼はある日、こんなスライドをつくり、役員報告会の最後に示しました。A4 縦、たった 1 枚です。

　1 行目には「わかってる」

　2 行目にも「わかってる」

　3 行目も「わかってる」

４行目「わかってる」

５行目「わかってる」

彼はそれを１行ずつ示しながら、淡々と読み上げました。

そして無言で示した最後の行は

「だけど、ホントはわかっちゃいない」

そこまで怪訝な表情だった役員陣、そこで大爆笑だったとか。

「あはは、確かにね〜」

織畑さん、さすがです。私なら怖すぎてできません。

でも、アクセンチュア時代、こんなことはやってみました。

スライドで、いかにもありそうな話を淡々と紹介します。現場の不満、逃した顧客の数、お客さんのコメント、それらを「基本認識の確認」としてスライドに語らせます。聴衆は「うんうん、そうだろう」とうなずいていきます。そこでプレゼンターとして一言。

「これらはすべて、ウソ、でした」

そして続けます。

「これらがみなさんの思っていた常識です」

「でも、本当はそうじゃない」

「どこがどう違うのか、これからお話ししましょう」

そこまで肯いていた役員たちが、一瞬凍りつき……。でも半分あきらめ顔で、その後の話を割と素直に受け入れてくれました。めでたし、めでたし。

さて、ここまでで、私のビジネス・プレゼンターとしての進化話は終わりです。

BCG、アクセンチュアと、19年半の旅でした。

でもそこで、プレゼンターとしての旅は終わりませんでした。**コン**

サルタントを辞めたことで、さらに対象が拡がり、テーマが拡がり、目的が変わり、必然的にプレゼンテーションのやり方も、また進化を遂げました。いや、遂げざるを得ませんでした。

31 わかってるスライドで勝負

1枚1分プレゼンテーション

　「スライドによる集中」を追究したのがキリングループの商品開発部門で活躍した佐藤章（現 湖池屋代表取締役社長）さんです。彼のプレゼンテーション資料は、なんと「1枚1分」が目安だといいます。

　商品戦略会議での持ち時間が20分あれば、まず20個の□（四角）を書いて、そこに言いたいことを書き込んでいきます。20枚なら、構造はこんな感じです。

起：「今はどんな時代なのか」4枚
承：「だからこの企画」8枚
転：「セールスポイント」6枚
結：「会社のメリット」2枚

　たとえば、承「だからこの企画」のところには、「ターゲット」「開発要件」「テーマ」「商品コンセプト」「ユーザーベネフィット」がならび、転「セールスポイント」には、「マーケティング上の意義」から始まる4P施策[23]がならんでいきます。これら一つ一つが、1枚、1分で説明されるのです。

　このやり方は、彼の若い頃の苦い経験から来ているとか。
　自分としては面白い内容を話しているつもりなのに、相手が寝てしまう、よそ見をしている、別の仕事をし始めた……。
　「なんとかよいプレゼンテーションをしよう」「人の心に響く示し方をしよう」という努力の中から、彼は**「人の集中力がもつのは最大1分」**と見定めたのです。

　もちろん、集中力の限界が1分だとしても、スライドを1分ごとに変えなくてはいけない法はありません。アニメーションなりトークなり、人それぞれいろいろな工夫があるでしょう。

　ただ、普通は1枚2〜3分は説明にかかるものを、1分でやる割り切りと、

23　マーケティング活動の4要素を示す。Product（商品）、Price（価格）、Promotion（販促）、Place（チャネル）。マーケティングミクスとも言う

それに伴うスライドの単純化は見事です。

　簡単な棒グラフ、明確な数字、絞られたキーワード、それらのみによるスライド群こそがこの『1枚1分プレゼンテーション』を可能にするのです。

　初心者がやるとヤケドするので気をつけて。

質疑応答の
極意

東大の大学院生も知らない質疑応答の基本

　ある日、東京大学の工学系大学院を訪れました。著名教授の講座の一部で、やっぱりCRMでの講義でした。

　講義の最初30分は座学中心でしたが、学生たちの聴く態度や姿勢はOKです。受講生が30名足らずということもあり、私語に励む輩はいません。次の20分間、ミニ・ケーススタディ（事例での討議）として「大学生へのパソコン販売 倍増プラン」を、数人ずつのチームに分かれて、考えてもらいました。そして、最後の40分がそのチーム別発表会です。

　各チーム、議論時間はたった20分しかなかったのに、素早くパソコンで数枚のプレゼンテーション資料までつくっています。さすが、今どきの大学院生です。

　この講座では恒例となっているらしく、学生さん自身が仕切って、発表、質疑応答、と進めています。教授や講師は口を出さない「自主性を重んじた」運営で、それもまた素晴らしいことだなと、しばらく眺めていました。

　発表内容そのものは、なかなかので出来ばえでした。でも、**質疑応答は全然ダメでした**。たとえばこんな感じです。

「今の発表に誰か質問ありませんか」

「はいっ」

「どうぞ」

上級編：多数相手に 90 分の講演をこなす　第 2 章

「このプランではサービスコストの増大リスクは考慮されたのです
か？」
「いいえ。でもマーケティングコストの増大リスクは議論しました」
　ほんの一瞬の沈黙の後、司会役は次へと進めます。
「他に質問はありませんか」
「はい！」
「どうぞ」
　発表 2 チーム目でもう、堪忍袋の緒が切れました（笑）。キミたち、
一体なにやってんの？
　手を挙げ、司会役に発言許可を求めます。「いいですか？」

答えるほうも質問するほうも、逃げるな！

　キミたち、こんな質疑応答、なんの価値もない。
　質問するほうもちゃんとした質問になっていないし、答えるほうも
ちゃんと答えていない。質問自体が体を為していないのに、それになん
で、ただ答えようとするのか。質問者も意図があるならそれをなぜ
ハッキリ言わないのか。意図と違う答えが返ってきたなら、なぜそこ
を突っ込まないの？
　発表者はなんで「マーケティングコスト増大リスクは議論した」な
んて返すの？「サービスコスト増大リスク」への答えになってないじ
ゃない。
　その前に質問するほうも質問するほう。「サービスコスト増大リス
クを考慮したか」ってなんのために聞きたいの？ 曖昧でなにが聞き
たいか相手にまったく伝わらないよ。そのリスクを考慮したら結論が
違うじゃないのって言いたいんでしょ。それをハッキリ言おう。
　でも、だったらまず「この意思決定のためにはサービスコストがダ
イジだ」ってちゃんと言わなきゃ。**ダイジなことから逃げちゃダメ**。

127

質問するほうも答えるほうも0点。こんな質疑応答、なんの価値も生み出してない。

「議論」はなんのためにするのさ。「**質疑応答**」はなんのために存在するの。質疑応答はただの点数（クラスでの発言点とか）稼ぎではないし、勝ち負けや正誤を決めるためのディベートでもないよ。

　それは「**発展的議論**」のステップなんだ。よりよい結論を導くための、真剣で前向きで発展的な議論にこそ価値があるんだ！

よい問いは答えを含む。「ダイジなこと」を問おう

　よい議論とは「正しく問い、正しく答える」ことです。

　特に「問い」はダイジです。きちんと問うことさえできれば、答えはおのずから明らかになります。枝葉末節や誤字脱字や数字の誤りの指摘でなく、ダイジなことからズバリ問いましょう。たとえば、

●お客さまの声が大切というが、本当にそれで売上が左右されているのか？

●そもそもお客さまとは誰のことか。部品を使ってくれる開発者でなく、購買担当者の声をもっと聞かなくてはいけないのではないか？

　もし、こういった「戦略の前提」が崩れるなら、あとは議論をする必要すらありません。まずはそこからです。

　舞台は再び、東京大学大学院に戻ります。

　みんな、いいかな。質疑応答をやり直そう。質問者はもう1回、ちゃんと質問し直すように。回答者は逃げずに、正面から答えるように。AかBかと問われて、Cと思いましたなどと答えないように。

よい問いは答えを含む

さあ、どうぞ。

もちろんそんな的確な質疑応答が、すぐにできたら苦労はありません。

でも、本当はそんなに難しいことでもないのです。単純な正論なので、そんなに頭をひねる必要はありません。正面からどーんと当たっていくだけです。

あとは慣れの問題です。

●臆さず、**聞くべきこと（＝ダイジなこと）をちゃんと聞く**
●逃げず、**答えるべきことをちゃんと答える**。わからないならわからないと言う

プレゼンテーションは、話しただけでは終わりません。その後の質疑応答・議論を経て完成します。

でも、東大の大学院生だってこのレベル。ダイジなことを、逃げずに尋ね答えるコミュニケーション力（質疑応答力）を、じっくり身につけていきましょう。

上級編：多数相手に90分の講演をこなす　第2章

コラム

「そうですね」は使わない

　第1章のステップ❷で「無意味な口癖をゼロに」と書きました。
　質疑応答でのそれは「そうですね」ってやつかもしれません。
　最近はスポーツ選手でも誰でも、インタビュアーに問いかけられたら大抵この一言から始めます。
　アナ「今日はスマッシュの威力が素晴らしかったですね」
　選手「そうですね、要所で決まってくれました」
　アナ「その要因はなんだったでしょうか？」
　選手「そうですね、集中力だと思います」
　アナ「集中力を上げるための工夫はありますか？」
　選手「そうですね、特にはないのですが毎朝……」
　最初のはともかく、残り2つの「そうですね」はなんなのでしょう？
「そうですね」は相手の主張を肯定する言葉です。選手たちはきっとカウンセリングやコーチング、インタビュー対応とかの研修で講師に言われたのでしょう。「相手を否定するな」「まずは、そうですね、と受け入れるべし」と。
　でも、相手がただ「工夫はなに？」とオープンに問うているときに、「そうですね」という返答はまったく意味がありません。だから使わないこと。9割方は直接その次の言葉から始めてなんの問題もなく、そのほうが本人の自信や明快さにつながるでしょう。
「今日はスマッシュの威力が素晴らしかったですね」「要所で決まってくれました」「その要因はなんだったでしょうか？」「集中力だと思います」「集中力を上げるための工夫はありますか？」「実は毎朝……」
「そうですね」という定型フレーズで、考える時間を0.5秒稼いでいるのかもしれません。でも、相手の意見を肯定するなら「仰るとおりと思います」、否定するなら「○○というご意見でしょうか」と確認から。相手がオープンな問いを発していて、急には答えられなそうなら「ちょっと考えさせてください」とか「あとでお答えしていいですか」と素直に返しましょう。もしくは答えられそうな誰か（質問者そのものも含めて）に振ってもいいでしょう。
　意味のない「そうですね」は禁止です。

第3章

達人編

子ども・親、
そして
経営者まで

子どもたちは
気まぐれで率直

子ども相手にやれれば誰相手でも楽しめる

　子どもたちは気まぐれです。特に小学校低学年だと、集中力が2分と続かず、自分が楽しくないとあからさまに「つまんない」という顔をします。

　でも自分の気に入ったものには異常に食いついてきて、興奮したり騒いだり。前後の流れなんて関係ありません。

　ん？　なんか似ています。**短気で感情的で、ワガママで率直な聴衆という意味では、経営者たちとソックリ**です。まあ経営者なんて、そういう我の強さがなければやっていられない仕事ですから、当然でもあるでしょう。

　一方、中学生相手の講演や授業は、一般社員や大人たち向けの義務的研修と同じです。積極的に手を挙げて発言したり、議論で盛り上がったりすることは「格好悪い」ことなので、ふつうになにか問いかけても「しーん」となるだけです。

　しかも講師は〝一見さん〟なので、多少冷たくしても、大丈夫。これからも付き合いが長い担任の先生とは違います。中学生に上から目線で入れば高圧的と反発し、下から謙遜気味に入ればなめられます。斜め上空仰角5度くらいから、という絶妙な角度で入っていかないと、その心に触れることすら敵わないのが中学生です。

　義務的研修に臨む社員たちも同じ。「あ〜、面倒くさい」「この講師だれ？」って感じです。気持ちはよくわかります。

達人編：子ども・親、そして経営者まで　第**3**章

　経営者にせよ義務的研修参加者にせよ、そういった難しい聴衆に対峙するのに、子ども向けのプレゼンテーションは、格好の訓練場となるでしょう。

　小学生向けの授業を60分ノンストップでできたなら、大人向けなら3時間でも楽勝です。特に小学1年生100人という「場」をコントロールできたなら、経営者たち相手だって大丈夫。

　中学生たちの心に触れる「つかみ」ができたなら、義務的研修参加者たちの心だって動かせます。「あれっ、今日の研修は違うぞ」と。

　講師が何者かなんてどうでもいいのです。プレゼンテーションの中身で勝負です。

　子どもたちをつかむ本質は、楽しさと身体性、にありました。

小学5年生への授業「言葉のヒミツ」

　アクセンチュアを辞める少し前、長女が通う小学校から呼びかけがありました。「学校で、子どもたち相手に授業をやってみたい保護者はいますか？」

　一度チャレンジしてみたかったので、長女（5年生）サクラの許可を得てすぐに申し込みました。企画書つきで。

　テーマは「**日本語のフシギ**」です。日本語に隠れるフシギを見つけよう！という授業で、「仲間はずれの濁音を探せ！」「なぜ日本が<ruby>Japan<rt>ジャパン</rt></ruby>？」「国名（イギリス、オランダ）の秘密」「オノマトペはいくつある？」などなどを45分に詰め込みました。

　それしか方法を知らないので、プレゼンテーション資料をつくって、プロジェクターとスクリーンを使っての授業です。

　子どもたちへのウケを狙って、プレゼンテーションソフトは華やか

な動きの多い、Keynote[24]を選びました。そのために、久しぶりにMacBook も買いました。

　この企画の推進者である校長先生の推しで、5年生全体（2クラス）への授業となりました。教室ではなく、多目的室でみんな体育座りです。
　初めてのネタで、初めての相手で、久しぶりのドキドキのプレゼンテーション（授業）でしたが、でも、みんな楽しそうに参加してくれました。
「ワクワクする、とか、ケラケラ笑う、とかいう表現があるよね。オノマトペ（擬音語・擬態語・擬声語）っていうんだ」
「いまから『歩き方』を表すオノマトペを見つけてみよう！」
「さあ、2分でいくつ見つけられるかな〜」
　みんな、ワァワァ言いながら、ドンドン見つけてくれました。ひとり1つずつ、発表してもらいましたが、出題者である私が驚くほど見つかりました。
　おどおど、ずしずし、せかせか、そろそろ、てくてく、とことこ、どしんどしん、とっと、のそのそ、のたのた、のっしのっし、パタパタ、ぞろぞろ、よたよた、よちよち、よろよろ、ルンルン……。

　探して、話して、教わって、考えて、の繰り返しを、何度も何度もやりました。
　もちろんみんな、私が「サクラちゃんのお父さん」だったから、手加減してくれたのかもしれませんが、とても楽しい45分間でした。
　これに味を占めた私は、「子どもたちへの教育」を人生の次のテーマと決めました。大人向けのコンサルティングはもうおしまい。子ど

24　スティーブ・ジョブズがアップル時代、プレゼンテーションに Microsoft の製品（パワーポイント）を使いたくなくて、部下に開発させたのが Keynote だといううわさも（笑）

もたちの発想力や決める力を、少しでも高めたい！

　自分が経営戦略コンサルタントとして鍛えてきた技や姿勢を伝えられたら、と思いました。

　でもそれはちょっと傲慢な態度であったかもしれません。**やってみたら、私が教わることばかり。**

　ま、そんなもんでしょう。やってみなくちゃ、わからない。

小学1年生100人への入学式スピーチ

　42歳でアクセンチュアを辞して経営コンサルティング業界を離れ、教育の世界へと移りました。

　実際にはその10年前、アクセンチュアに入社した直後からグロービスで一般社会人向けに教え始めてはいました。もっと言えば、さらにその10年前、BCGに入社したときから、自分たちを鍛え、後輩を育てるための教育プログラムをずっとつくっていました。

　スキルアップ研修、MBA教育といったことでいえば、私はもうすでに講師歴20年のベテランであったのです。

　でも、**子どもたちになにかを伝えようと思ったら、それとは別次元のスキルが必要**でした。

　10秒つまらないことを続けたら集中が切れ、そっぽを向き、おしゃべりが始まります。

　言葉は平易で内容はわかりやすくなくてはなりません。でもちょっと知らないことやチャレンジングなことも混ぜなくては面白くありません。

　「発想とは発見と探究だ！」ではなく、「新しいことを思い付くには、面白いことを見つける力と、そのヒミツを探り出す力が必要なんだ！」と語り、同時に、子どもたちに身近な具体例を示さなくてはいけませ

ん。なかなかの難題です。

　ところが私自身がいきなり、最大級のチャレンジを受けることになりました。

　娘たちがお世話になった小学校で、PTA会長をやることになったのです。そしてそのデビュースピーチは入学式でのものでした。

　新1年生が100人、その後ろには在校生代表の2年生、6年生が170人、そしてその後ろには保護者らが200人以上ならびます。壮観です。

　このときばかりは（いれば）両親ともが来るので、来賓たちはいちばん後ろの親たちに訴えかけます。「おめでとうございます」「子どもたちにこうしましょう」「これには気をつけてください」云々。必死の訴えが続きます。

　でも、私のターゲットはもちろん、最前列の100人でした。この**6歳児たちに壇上から、なにかをちゃんと伝えることはできるでしょうか？**

　本番までの2カ月間、毎日ずっと考えていました。

「今日はボールのお話をします」

　ぴかぴかの小学1年生たちに、たった9分間で伝えたかったこと。それは「驚き」と「本質的理由」でした。

　大人たちは子どもたちに対し口々に言います。
「廊下は走るな」「車には気をつけろ」

　なぜなのでしょう？

　なぜ走ってはいけないのか、なぜ自動車に気をつけなくてはいけないのか、誰も教えてはくれません。当たり前だから。でも本当にはその理由をわかっていないから。

達人編：子ども・親、そして経営者まで　第3章

　本当の理由は、「ぶつかったら負ける」からです。

　重いものと軽いものがぶつかれば、軽いほうが負けます。体重20kgの1年生と40kgの6年生がぶつかれば、1年生が2倍吹っ飛びます。1.5トンの自動車となら75倍、10トントラックとなら500倍です。

　1年生を前にして、私はポケットから小さなボールを取り出します。「これは、なんのボールかな？」
　反応は、速い。
「ピンポンだま〜〜」
　別のポケットから「じゃあ、これは？」
「やきゅうのボール〜〜」
　よくわかったね。
　さて問題です。この2つがぶつかると、一体どうなるでしょう？
「？？？」
　やってみようか。

　演台の上、数十センチから2つのボールを「雪だるま」のように重ねて、そっと落とします。
　テーブルにぶつかった瞬間、上のピンポン球は、下の野球ボールに強く弾かれ1メートル以上飛び上がります。ぽ————っん。
「うわー」「ひゃ——」

25　日本の小学1年生の平均体重は男子21.4kg、女子20.9kg、6年生は同じく38.4kgと39.0kg。（2016年、文部科学省 学校保健統計調査より）

139

「軽いものは重いものに負ける」

　じゃあ、みんなの周りにあるもののなかで、動いている、いちばん大きなものはなに？

「ちきゅう〜〜」

　それは大きすぎ (-_-)

「じどうしゃ〜」

　そうそう。

　私は舞台の袖に隠しておいた、直径1メートルのバランスボールを取り出します。

「でか――」

　これを自動車だとしましょう。これと、野球ボールではどうなるでしょう？

　ザワザワザワザワ。「え〜、わかんない〜」「飛ぶんだよ、きっと」「そうかなー」

　じゃあ、やってみよう。

　また、大きな変形雪だるま（上は野球ボール、下はバランスボール）をつくって、床に落としてみます。

　ぽ――ん。今度は上の野球ボールが、見事、上空3メートルに跳ね上げられます。

「お――っ」「すげっ――」

　わかりましたか？ **重いものと軽いものがぶつかったら、必ず重いほうが勝ちます。軽いものは吹っ飛ばされます。**

　みんなは絶対、6年生にはぶつかっていかないように。そして自動車にも、ぶつかっていかないように、ぶつかられないようにしてください。

　車って、とっても重いんです。自動車はここにいる100人みんな

ピンポン球 対 野球のボール

を全部足したのと、同じくらい重いんです。だから、ぶつかったら絶対かないません。

　わかりましたか。

「は──い」

　内容だけで言えば、これは「交通安全」の話です。「この地域は人も車も多いから、クルマには十分気をつけること！」と言えば10秒で終わったでしょう。でも3秒で忘れ去られたでしょう。

　この「プレゼンテーション」のあいだ、1年生の後ろでは2年生、6年生がウンウンうなずいていました。その後ろでは親たちも（笑）

　驚きのあるところに好奇心が、そして探究心が芽生えます。人は「なぜだろう」を考え出すのです。そしてそこには本質的理由がきっと見つかるでしょう。

　小学生6年間の最初の1日が、そんなきっかけになれば、いいな。

動きや楽しさで伝える

　アクセンチュアを辞めたあと、社会人向け大学院の教授（や客員教授）となりましたが、それまでもグロービスなどで一般社会人向けのビジネス講義や研修はやっていましたし、大きくなにかが変わったわけではありません。

　ただ明らかに変わった（変えた）のは、対象です。それまでは新入社員から経営者まで、でしたがそれが、小学生から、になり、大人でも親や教員向けを増やしました。いまや**ターゲットは「子ども・親・教員」**なのです。

　ビジネス研修もやりますし、ビジネス本も書きますが、それはそういう名前をつけることで大人が集まり、本を読んでくれるから。親向け研修や家庭教育書には見向きもしない大人たちに、そうすることで

リーチ（到達）できるからです。

プレゼンテーションの対象は重点が子どもたちに変わって、結果として拡がりましたが、内容やテーマは変わりません。「発想力」と「決める力」です。

でもその学びにおいて、もっともっと楽しさや行動を取り入れたいと思いました。子どもたちは「遊ぶヒト（ホモ・ルーデンス）」であり、「動くヒト」だから。そしてその２つを退化させることなく、もっともっと発達させていってほしいから。

「体を動かさないと解けないクイズやナゾナゾ」をいっぱいつくりました。

イロのフシギ、緑の丸はなに？、ヒトがつくった円柱状のモノ、グラスの形、紙コップのヒミツ、旧正月の訪日客

などなど……。10人はもちろん、100人でも1000人でもできる、参加者が動き回って互いに話す講演（プレゼンテーション）を、つくりました。そしてそれはそのまま、ビジネス研修や、大学院でも応用可能でした。

子ども向けにつくったからこそわかりやすく、刺激的で、動的でした。自らやって学ぶ、失敗して学ぶ、いわゆる**アクティブ・ラーニング**になっていたのです。

自己紹介は最初でなく最後にする

子ども向けの授業をやり始めた頃、元楽天副社長（創業メンバーのひとり）の本城 慎之介さんに、教えてもらったことがありました。

「子ども相手には、初めに自己紹介をしない」

と彼は言うのです。「社長だとか教授だとか、そんな肩書き、子ど

もにはなんのインパクトもない」「だから自己紹介なんてしないで、いきなり授業を始めます」「コンテンツそのもので惹きつけるしかないんです」

　彼はビジネス界からいち早く教育界に軸足を移していたのですが、そこでの彼の学びがそれだったのです。なるほどと思い、すぐまねしました。

　そして、それは大人向けにも有効でした。肩書きより実績より、なによりプレゼンテーションの中身です。しかも、最初の１枚が勝負を決めるのです。

　自己紹介は、最後です。自分の伝えたいことをわかってもらったあとで、ゆっくりやればいいでしょう。自分は何者で、そしてなにがしたいからここにいるのかを伝えましょう。自分の過去でなく未来を語りましょう。

親たちは狭くて
堅くなってしまっている

親たち相手にやれれば誰相手でも変えられる

　親たちは近視眼的です。視野は半径数メートルで自分の子どもといつものママ友（やパパ友）しか見ていません。特に中高生の親になると、未来も数年先、次の受験までしか考えていません。

　自分の子どもに対してあまりに真剣に向き合うが故に、どんどん考えが堅くなり、なにを聞いても「うちの子とは違う」と受け入れません。そのくせ、他人の目や、人がどうしているかが気になります。

　ん？　なんか似ています。**自己中心的で頑固で変えづらい聴衆という意味では、経営者たちとソックリです。**まあ経営者は例外なく自社偏愛体質なので、当然でもあるでしょう。

　これをどうやったら変えられるでしょうか。

　頑固者の視野を拡げ、視座を高め、価値観を変え、実際の行動を変える！　そんなこと、一体どうやったらできるのでしょう。

　もし可能だとしたらそれは、「会社の存続がかかった戦略プロジェクトを通して」でしょう。そんな仕事を経営コンサルタントとして19年もやっていたのでわかります。

　でもたった60分や3時間の講演や研修で、経営者たちを変えることはできるのでしょうか？

　親向けのプレゼンテーションは、その訓練場として最適です。自分の家族というタコツボの中で思い悩む相手を、なんとかすることが目

145

的なのですから。

　極小化した親たちの視野を拡げることができたなら、経営者にだって大丈夫です。凝り固まった親たちの価値観を揺さぶることができたなら、経営者の心だって動かせます。

「明日から、いや、今日からやろう！」

　その**コツは、参加者同士が語り合うことと、子育て論そのものに**ありました。

親たちは語りたい。ほめる演習のインパクト

　自らの意思で講演に参加する大人たち、親たちは、それを聴きたいから来るわけですが、とっても「語りたい」人たちでもあります。男女でその積極性に差はあるものの、基本は同じです。自分のこと、自分の思いや考えを誰かに聞いてほしいのです。

　かといってそれを講演の場で全解放させると、いくら時間があっても足りなくなってしまいます。質疑応答で日が暮れますし、ほとんどの話は個人的な悩みだったりするので、さして他の聴衆のプラスになりません。

　なので、最近はいろいろな講演に「ほめる演習」を入れています。4人組をつくって、それを2つに分け、**2人ずつでまずは互いにインタ**ビューです。

　あなたの「自慢の逸品」はなんですか？ それへのこだわりポイントは？ 他のものとの差は？ 『重要思考』を学ぶための演習なので、そんな手順でインタビューします。

　2分で交替してインタビューを終えたら少し考え、4人組の中でひとりずつ話します。自分のインタビュー相手の「自慢の逸品」がいかに素晴らしいかを、1分で他の2人に語るのです。

　全部で10分程度の小演習ですが、全員が自らを語り、聴き、ほめ、

達人編：子ども・親、そして経営者まで　第3章

ほめる演習：自慢の逸品

そしてほめてもらえるというもの。多少恥ずかしがりながらも、笑顔と笑い声が拡がって、みんなとっても楽しげです。

聴衆が100人いたとしたら、このほめる演習での延べ「語り」時間は（2分＋1分）×100で、なんと累計300分に達します。講師対聴衆、の質疑応答形式ではけっして得られない発言量であり、しかも発言者は全員です。

小グループ内で話してもらったあと、4人のなかで投票してもらい、ほめ方がいちばんよかった人を選びます。そのうち数人にはその内容を全体で披露してもらいます。この「小グループの中で語り合う（議論ではない）」「ベストな語りを全体で披露」というやり方は、参加感を高めるだけでなく、心の壁を取り払うことにつながります。

4人の中で発見があります。たとえ自分が上手くやれなくても、上手な人の考えややり方が参考になります。そしてベストな語り（のサンプル）を聴くことで、納得できます。「自分が上手くやれないのは、手法が悪いからじゃないんだな」「ここまでやれるんだ！」

それによって初めて、その手法を真剣に学ぼうという姿勢が生まれます。

ビジネス研修で子育て論、の価値

親向け講演や研修で、なんといっても大変なのは集客です。自身が主催者であることは少ないのですが、毎回これで苦労します。しかも集まるのは、ちゃんと問題意識のある人たちが中心です。そうでない人たちにはリーチしようがありません。そんな機会は、幼稚園・保育園の発表会か、小学校の入学式くらいでしょうか。

なので、**社会人全般に需要の根強い「ビジネス研修」で、「親」を捕まえることにしました。**

「発想力」や「決める力」などをテーマにすると、50〜100人の大

達人編：子ども・親、そして経営者まで　第**3**章

人たちがすぐ集まります。企業や自治体などの階層別研修や、職種別
（看護師さんなど）研修の講師に呼ばれもします。受講生の数、延べ
年間約1万人。

　その研修で、子育て論をぶつのです。

●子どもの決める力を鍛えたければ、意思決定の機会を与えること。
　任せ、そしてその成功と失敗を見守ろう。ちゃんとおこづかい制に
　してジジババからの不労収入を制限しよう
●子どもの発想力を伸ばしたければ、邪魔しないこと。発想を制限す
　るようなおもちゃは与えず、ヒマにして自由にさせよう。人と違う
　ことを楽しめるようにしよう
●「係としてのお手伝い」は、子どもたちの正義感・道徳心・段取り
　力、そして、就職力につながる
●そもそも、「子育て」と思うから失敗する。確率100%を望むから。
　そうではなく、「人材育成プロジェクト」だと思うべし。そのプロ
　ジェクトの「目的」は子どもの自立と幸せ、「期間」22年前後、
　「予算」は自腹の2000万円！

　そんなお話を、研修の最後15〜30分間、くっつけるのです。「私
にとってこの研修は、階層別研修でも職種別研修でもありません。み
なさんを親（やオジオバ・ジジババ）として鍛えるためのものなので
す！」と明言しますが、不思議とそれで文句を言われたことはありま
せん。

　それどころか、その**子育て話こそがビジネス研修参加者にインパク
ト**を与えるということがわかりました。参加者の内省につながるから
です。

　「発想力」研修を受けながら受講者は思います。「でもせっかく面白

149

いこと発想しても、あの上司にいつもつぶされるんだよなあ」「新しいことを！って言うから、必死で新しいアイデアを考えて持っていくのに、他社はやってないのか？って聞く」

「決める力」研修を受けながら受講生は呟きます。「報連相の徹底って言われるから上司に相談しに行くと必ず決めてくれるしなあ」「自分で決めろって言うくせに、決めさせてくれたことないよ」

でも、子育て論を聞いて、理解します。ああ、自分も同じことを子どもたちにやっているのだと。

「子どもが、面白い、というものをツマランと切り捨てていた」「みんなと違うことをしようとしたら止めていた」

「相談しに来たら必ずアドバイスを与えていた。それに従わないと不機嫌になっていた」「自分で決めていいよって言ったのに、子どもが水色のランドセルを選んだら紺色に誘導してしまった」

人材育成としての子育て。それは親たち自身の成長のためでもあるのでしょう。だから「ビジネス研修のふりをした親向け研修」をこれからも続けます。

プレゼンテーションの達人を目指せ

それはまるで、音楽のように

　私の「プレゼンテーションの達人」への旅は、まだ終わってはいません。

　はるか彼方の憧れは、キング牧師（Martin Luther King, Jr.）の『I Have a Dream』です。

　1963年8月28日、彼は首都ワシントンDCのリンカーン記念堂に集まった20万人余の前で、演説を行いました。この16分14秒の演説は、米国史上最高のものともいわれています。

　まずはみなさん自身、ぜひ聞いてみてください。多くのサイトでその声や姿が見られます。

　彼は平易な言葉を使い、短い言い回しを多用し、悲劇を語り、未来への夢を語ります。

　その声にひたすら耳を傾けましょう。聞き取れるのが "I have a dream" だけでもいいのです。でもそうすれば気づくでしょう。その声が、音楽のように流れることに。彼の言葉は、抑揚とリズムを持って、滑らかにそして力強く、響き渡るのです。

　その**滑らかさと力強さの秘密**を、ひとつだけ紹介します。

　後半、彼は多くの夢を語ります。

　"I have a dream (that) one day, …"

　ここがこの演説のクライマックスです。

　しかし、その頭の "I have a dream" の部分は、前の夢の直後に叫

ばれ、後ろとは切り離されています。

　"I have a dream ！"
（一拍おいて）（ここで聴衆は、どんな夢だろう？　と引き込まれる）
「いつか、ジョージアの赤き丘に元奴隷の息子たちと元奴隷所有者の
息子たちが一緒に座り、友愛のテーブルを囲む日が来るという夢が」
（間を置かずにすぐ）
　"I have a dream ！"
（一拍おいて）
「いつか、あの不正義と差別の熱にうだるミシシッピー州さえもが、
自由と正義のオアシスに変わる日が来るという夢が」
　この**一拍の沈黙**こそが、"I have a dream" の一節を、そしてその後
に来る「夢」たちを際だたせているのです。

流れと衝撃、つなぎと沈黙

　プレゼンテーションとは結局、**どう流れをつくり、どう大きな断絶**
（＝衝撃）をつくるか、でした。
　流れをつくるためにはけっして無意味な「スキマ」を作ってはいけ
ません。「えーっと」とか「そうですね」とかを繰り返すのもダメです。
　でも、**ひたすらしゃべり続けることは、プレゼンターの自信のなさ**
をも示してしまいます。相手が考えるヒマがないように、相手が反論
できないように、ひたすら時間を音で埋めようとする。それはつまら
ないデートと同じ。本当に大きな衝撃を与えるためには、**スムーズな**
流れのなかであえて「空白」をつくることです。ピシッと切って、相
手をしっかり見つめましょう。意識しての沈黙ほど強い「言葉」はあ
りません。それをどこに置くのか……。
『I Have a Dream』を聴きながら、じっくりと考えましょう。

達人編：子ども・親、そして経営者まで　第3章

一瞬の無音が世界を拡げる

クロージング

「最後にまとめ、なんてしてあげない」

あるとき、村上龍さんの講演を聞いていました。次の講演者として準備をしていたので、後半以降30分ほどを舞台の袖で、です。

さすがにお話は面白く、さまざまな話題を、印象深く語られていました。

講演の終了予定時間も迫り、最後、一息ついたあと、彼は締め括りにこう言いました。

「まとめ、なんて言わないですからね」

「言ったらみなさん、それしか覚えないから」

「一人ひとり、ためになったことなんて違うはずでしょ。なのに人って、最後のまとめ1枚分しか覚えない」

「だから、まとめなんて、してあげません。自分で考えてください」

まったくもってそのとおり。

もう少しひねると、こんなクロージングもあるでしょう。

プロジェクターで最後に映すのは、その日の発表の「目次」そのもの。つまり、メッセージ（伝えたいこと）ではなく、項目（なにについて語ったか）を示すのです。

そして投げかけます。

「今日お話ししたこと、もう1回、思い出してください」

「その手助けに、目次だけお見せしましょう」

「そして、その思い浮かぶ内容の中で、なにが自分にとって本当に意

味がありましたか？」

「これから 1 分間差し上げます。1 分間だけ、考えてみてください」

（1 分間の沈黙……）

「そうです、それが今日の『まとめ』です。忘れないでくださいね」

クロージングってなに？

クロージングとはその名のとおり、終わらせることです。

営業活動でクロージングといえば、最後、契約に持ち込むことで、 そのテクニックは、さまざまに研究がされています。

● foot in the door （まず小さな合意を得てあとで大きく取る）

● low ball （まず小さく出てのちにオプションで儲ける）

● door in the face （大きく出てから譲歩する）

● hard to get （今だけ・あなただけ、で口説く）

他にも band wagon effect （周りが賛成するとその気になる）やら、halo effect （権威者の言うことに弱い）やら。

クロージングは営業の最後・最大の難関です。苦手に思う人は多く、それだけをテーマにしたセミナーや研修がいっぱいあります。そこでは、こういった「理論的」クロージングテクニックの分類とともに、ロールプレイングなどでの練習が繰り返されます。

ただ、本当に優秀な（長期に好成績を挙げ続ける）営業担当者は、必ずしもクロージングに頼りません。確かに「弱い」営業担当者は、クロージングに問題があるのでしょう。押しが弱かったり詰めが甘かったりで、顧客の最終意思決定がもらえず、その間に、予算がなくなったり他社に取られてしまったり。

クロージングに長けた「強い」営業担当者は、上記のようなテクニ

ックを駆使して、確実にその辺りを刈り取ってきます。相手の特性（自分で決めたい人か、決めてもらいたい人かなど）をつかんで、それに合わせたクロージングを展開して、最後の壁を乗り越えるのです。

でも、本来は違います。そんな**クロージングテクニックなどに頼らない、内容ある提案こそが大切**なのです。それによってこそ、押しつけではない、継続的な関係が育まれます。

では、クロージングの本当の役割・意味とはなんでしょうか。

"Stay hungry. Stay foolish." の高等テクニック

20才でアップルを創業し、30才でクビになり、そして41才でアップルに復帰し再生させ、大発展させたスティーブ・ジョブズ。そのおそらくもっとも有名なスピーチが、米スタンフォード大学卒業式でのものです。

2005年6月12日、彼は卒業生たちに話しました。3つのことを。

● Connecting the dots：今の経験が将来、なんの役に立つかは誰にもわからない。それでもなにかを信じてやり続けよ。きっとつながるから
● Love and loss：人生にはひどい凸凹がある。それらを乗り越え、偉大な仕事をするには対象を好きになること。それが見つかっていないなら探し続けよ
● Death：他人の人生でなく自分の人生を生きよ、そして自分の直感に従う勇気を持て。ムダにする時間などないのだ

自分の人生を振り返り、反省し、ちょっと自慢し、静かに、ときに力強く。14分半のスピーチは見事でした。

達人編：子ども・親、そして経営者まで　第3章

「人生にはときどき、レンガブロックで頭を殴られるようなひどいことが起こる。一体なんで、自分で創業した会社をクビになったりするのか」

「ただ、アップルをクビになったおかげで、そういった仕事が好きであることを再認識し、かつ、身軽になってその後数年、もっともクリエイティブな仕事ができた」（NeXT（ネクスト）を立ち上げ素晴らしいOS[26]を開発し、Pixar（ピクサー）を成功させ『Toy Story（トイ・ストーリー）』をはじめとした多くのCGアニメ映画を世に出した）

「ひどい薬だったが、そのときの自分には必要な薬だったのだ」

　そういった、実体験に基づく深い教訓は、きっと若者たちの心に残ったことでしょう。

　彼のスピーチは、「3つのこと」を語り終えたあと、突然、『Whole Earth Catalog（全地球カタログ）』の話に飛びます。1968年秋に創刊された、ジョブズ曰く「私の世代のバイブルのひとつ」です。

　ジョブズは最後の1分間、この雑誌について語ります。それがいかに先進的で、素晴らしいものであったかを。そして、74年に出版された『Whole Earth Catalog』最終号の話に移ります。

「最終号の裏表紙の写真は、早朝の田舎の道のものだった。冒険好きな人ならヒッチハイクでもしそうな」

「その写真の上に、こんな言葉があった。"Stay hungry. Stay foolish." と」

「それは編者たちが残した、別れのメッセージだった」

26　Windows のような、コンピューターを制御する基本ソフト。iPhone、iPad の OS は iOS

157

彼はこの言葉を、3度、続けます。

"Stay hungry. Stay foolish."
「私はずっと、自分自身そうありたいと願ってきた」

「そして今、卒業し新たな道を歩き始める君たちにも、私はそれを望みたい」
"Stay hungry. Stay foolish."

「ご静聴ありがとう」

　テクニックとしてみれば、これは、最後に単純なまとめでなく、違った角度からのエピソードで、聴衆の視点を動かし印象づける高等戦術。そして、そのシンプルなメッセージが繰り返されることでさらに印象は強くなります。

　仕事のプレゼンテーションでも、十分使えます。**最後に、一見内容とは関係のない、個人的な経験や、家族のことや、マンガ・歴史の話しで、聞き手の頭を再活性化させて、でもきちんと本編と同じ方向の結論に落とす**のです。それでメッセージをもう1回印象づけます。

熱き心を届けよう

　でも、そんなテクニック論に彼のこのクロージングの素晴らしさがあるわけではありません。

　30年も前にジョブズ青年の心を打った1行のメッセージ。そういったエピソード自体は確かに素晴らしい。しかし、**なにより若き英才たちの心を揺さぶったものは、彼、彼女らに対するジョブズの強い期待**です。

「一心不乱、自らを信じ全力で進め」

「foolish（バカ・常識外れ）と言われようが革新者の道を」

「そこにこそ君たちの未来はある」

　ジョブズの心に燃え続けた熱い心こそが、このクロージングの価値なのです。

　最後に届けるべきは、「小さな合意」でも「大きく出る」ことでも「二者択一」でもなんでもありません。それは、「自らの心」そのものです。それこそが相手を動かす最強の締め括り（クロージング）なのです。

「リテール特化とは『田舎の銀行』と言われて怯まないこと」

　これは、BCGの先輩Ｉさんが、ある大手地銀の役員向け報告会の最後で言い放った言葉です。

　当時まだ多くの都市銀行[27]（死語）は、海外ネットワークや法人向け国際事業、証券事業を無闇に強化していました。

　そういった中、その地銀は中期ビジョンで「リテール（個人向け事業）特化」を打ち出しました。慧眼といえるでしょう。

　ただ、なんともそのビジョンと諸戦略が、かみ合っていませんでした。

　リテール、つまり一般庶民からお金を集め、貸し、サービスして、その利鞘で生きていく（もしくは富裕層に各種金融サービスを行う）ことを目指しているはずなのに、肥大化した国際事業は若干の縮小のみとか、優秀な人材は証券事業にとか。総論賛成、各論反対の塊です。

　業を煮やしたＩさんは報告会で役員たちに問いかけました。

27　一般に、第一勧業、富士、住友、三菱、三和、東海、三井、東京、大和、太陽神戸、協和、埼玉、北海道拓殖の13行を指した

「本当にやる気ありますか？」

「『田舎の銀行』と言われるのが嫌なら、リテール特化なんてやめましょう」

「中期ビジョンを決めるということは、中長期的に人を動かして貼り付けることです。それができないならどんなビジョンも無意味です」

「方向を変えるということは、非常に気持ちが悪く、居心地のよくないものです。それが当然です」

「で、どうしますか」

　これには、痺れました。

　当時彼は40歳ちょっと前。彼が大手地銀の役員陣を相手に示した改革への気迫は、冷たく強く燃える炎のようでした。

　あなたは相手に、どんな心を、どうやって届けますか？

達人編：子ども・親、そして経営者まで 第3章

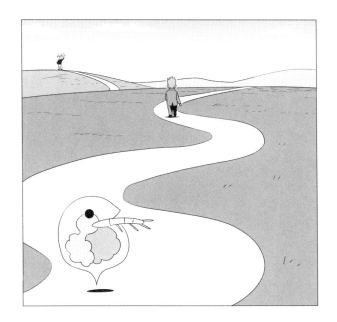

　この本は、2016年に電子書籍『伝説のプレゼンターへの道！』（Kindle Singles）として発刊されたものに、大幅に加筆・修正したものです。

おわりに：
未来は彼方でなく足もとからやってくる

　一時期、CRM をテーマに何十回と講演を行いました。聴衆 20 名から 1500 人まで。

　そのクロージングとして、いつの頃からか始めたのが「さくらばなし」でした。

　スクリーンには一面の桜の花びらの画像。なんのことはない、私の長女の名前に引っかけてのもので、内容は「長女の IT 物語」でした。

　今 25 歳の彼女が最初にパソコンに触れたのは、小学 2 年生のとき。

　夏休み前のあるとき、彼女は私の部屋に来て言いました。

「おねがいがあるの」「なつやすみに、本をいっぱいよむの」「そのなまえをおぼえていたいから、お父さんのパソコンをかして」

　つまり彼女はエクセルで、自分の「夏休み読書リスト」をつくりたかったのです。ちょっと感激した私は、彼女ら向けにタッチパネル付きのパソコン（富士通のプリシェ）を買って居間に据え、メールアドレスも取ってあげました。

　これはキミたちのもの。画面を押せばいろいろなことができるよ。でも、やっぱりキーボードが使えると便利だから、練習してごらん。「2 週間でタッチタイピングを習得！」と謳う『キーボードマスター』が付属ソフトでついていたので、それを起動し、長女にちょっとだけ説明しました。画面に出た文字をそのまま打つだけだよ、と。

　それから数時間後、彼女は曲がりなりにもタッチタイピングができるようになってしまっていました。ただ残念ながら、まだローマ字を習っていなかったので、「さ、ってどう打つの？」「エスとエーだよ」「エスってどんな字？」「ヘビみたいなやつ」という会話は必要でした

が。お姉ちゃんのまねをしていた保育園年長さんの次女も、数日でタッチタイピングを習得しました。

　それから長女たちからは、ときどき私宛にメールがくるようになりました。

　翌年、やはり夏休み前、長女が私の部屋にやってきました。こんどはなんだい？

「夏休みのけんきゅうのかみを、お父さんのつかってるやつでつくりたい」

　ん？　ああ、パワーポイントのことか。

　わかりました。テーマはなににするの？「かいきげっしょく」

　私はパワーポイントを立ち上げて、使い方を説明します。エクスプローラーも立ち上げて、検索の仕方を教えてやってみせます。「皆既月食って入れて、いろいろ出てきたら、順々に押していく」「いい写真があったら、右クリックしてコピーして、パワーポイントにもどって、右クリックして貼り付ける」「わかった？」

「わかった」

　教えた時間は30分足らず。あとは彼女がひとりでやりました。

　翌年、小4になった彼女は、パソコンで勝手にいろいろ探して勉強していました。もう、使い方を尋ねられることもありません。

　私が「ファイナルファンタジー」などのゲームで行き詰まっていると、親切に教えてくれたりします。

「お父さん、さっきの入り江で、貝殻は拾ったの？　それがないと次に進めないみたいだよ」

「ありがとう……」

　彼女らの進化とともに、この「さくらばなし」はどんどん変わっていきました。

そこで言いたかったことは、「相手（顧客）の進化を、自分の進化スピードで測ってはいけない」ということ。

　大人になってしまったわれわれよりも、若者たちは驚異のスピードで進んでいきます。どんどん進むITや若者たちを、自分がついていけないからといって拒絶してはいけないのです。

　そして、そういった波は未来から突然押し寄せて来るのではなくて、身の回りからすでに起こっているもの。目をこらして遠くを見ずとも、足もとにその変化はもう起きています。「潮は足もとの磯から急に満ちてくる[28]」のです。

　そのまとめの間も、画面はそのまま。桜の花びらの映像がただ、続きます。「進化」というキーワードとともに。

　顧客の「進化」、自分の「進化」、ITの「進化」、そして断絶としての「進化」。

　小学生の頃から、人前で話すのは大嫌いでした。

　全校生徒120名の小学校ですごしていたので、知っている人の前でしか話したことがありません。授業中の発言はよくしていましたが、相手は保育園時代から一緒の20名ですから、大したことではありません。でも、見知らぬ大勢の前で話すのはずっと苦手でした。中高大、そして社会人になっても。

　その私がここまで「進化」できたのは、少しずつの努力をずっと続けたからにほかなりません。

　ミジンコからひとかどのコンサルタントになりたくて。そして子どもたちや親たちを変える力を持ちたくて。

28　『徒然草』第155段（吉田兼好）の「磯より潮の満つるが如し」より

みなさんのモチベーションはなんですか？ これからなにがしたいですか？ どんな自分になりたいですか？ もしくは、どんな自分でありたいですか？

私はキング牧師になりたかったわけでも、なんでもありません。でも、努力し伝え鍛える存在でありたかったのです。これまでずっと。そして、これからも。

その道がどこに辿り着こうとかまいません。今このとき、少しでもこういったこと（たとえばプレゼンテーション力の向上方法）がみなさんに伝わり、それがみなさんの次の努力や変化・進化につながれば、それで十分です。

みなさんの気合いと研鑽を、期待します。

2017 年 8 月 国分寺崖線 深き緑の東京にて　三谷宏治

参考文献等

『CRM 〜顧客はそこにいる〔増補改訂版〕』村山徹・三谷宏治、東洋経済新報社（2001）

『伝わる書き方』三谷宏治、PHP研究所（2013）

『シゴトの流れを整える』三谷宏治、PHP文庫（2015）

『お手伝い至上主義！』三谷宏治、プレジデント社（2016）

『藤巻幸夫のつかみ。』藤巻幸夫、実業之日本社（2006）

The Whole Earth Catalog　www.wholeearth.com/index.php

キング牧師のスピーチ　www.americanrhetoric.com/speeches/mlkihaveadream.htm

三谷宏治オフィシャルサイト　www.mitani3.com/

■著者略歴
三谷宏治
（みたに・こうじ）

東京大学 理学部物理学科卒業後、BCG、アクセンチュアで経営戦略コンサルタントとして活動。2003年から06年までアクセンチュア 戦略グループ統括。途中、INSEADでMBA修了。06年から教育の世界に転じ、子ども・保護者・教員向けの授業・講演に注力。年間1万人以上と接している。

現在、K.I.T（金沢工業大学）虎ノ門大学院 教授の他、早稲田大学ビジネススクール・女子栄養大学 客員教授、放課後NPOアフタースクール・NPO法人3Keys 理事、永平寺ふるさと大使を務める。

著書多数。13年に出版された『経営戦略全史』はダイヤモンドHBRのベスト経営書2013第1位、ビジネス書大賞2014「大賞」の2冠を獲得した。親向けの著作として『お手伝い至上主義！』、『親と子の「伝える技術」』などもある。

ゼロからのプレゼンテーション

2017年9月19日　第1刷発行

著者	三谷宏治
発行者	長坂嘉昭
発行所	株式会社プレジデント社
	〒102-8641
	東京都千代田区平河町2-16-1
	編集（03）3237-3732　販売（03）3237-3731
編集	中嶋 愛
マンガ作成	フーモア
装丁・図版・組版	ISSHIKI
制作	関 結香
販売	桂木栄一　高橋徹　川井田美景　森田巌　遠藤真知子
	末島秀樹
印刷・製本	萩原印刷株式会社

©2017 Koji Mitani
ISBN978-4-8334-2242-0
Printed in Japan